修學引導叢書 3

道次第之道

濟群法師——著

目次

編者的話 10

《道次第》修學意義 13

《道次第》修學漫談 23

《道次第》修學地圖 37

一、從目標與方法說起 39
二、道前基礎 42
三、下士道 46
四、中士道 52
五、上士道 57
六、結束語 61

《道次第》修學要領 63

一、目標：捨凡夫心、成就佛陀品質 65
二、要領：三主要道 68
三、建構：道前基礎及三士道 75

《道次第》實修理路 81
一、加行——修法的共同基礎 82
二、正行——止觀實踐 88
三、結行與未修中間 92
《道次第》中的菩提心 95
一、菩提心與三士道的關係 96
二、菩提心與修法 97
三、菩提心與暇滿人身的重大意義 98
四、菩提心與皈依三寶 100
五、菩提心與人天善行 100
六、菩提心與念輪迴苦、求出離解脫 101
七、菩提心在大乘佛教中的重要性 102
八、菩提心的發起因緣 104
九、菩提心的受持儀軌 106
十、菩提心的實踐 108
十一、菩提心與空性見 109
《道次第》修學的目標和重點 111
一、兩大目標 113

二、三士道修學提示 116
三、結說 120

三士道修學概要 123

一、道前基礎與下士道的重要性 124
二、中士道的修學 126
三、上士道的修學 130

論「方便與慧，成佛缺一不可」 137

一、成佛修行的兩大內容 138
二、大乘和尚與蓮花戒的辯論 139
三、從法義上辯證 141
四、對所引經典的分析 143

《道次第》與唯識修學 149

為什麼先學《道次第》 150
真誠、認真、老實 151
理解、接受、運用 153
對學習進行規畫 155
將佛法落實心行 156

《道次第》修學札記 159

《道次第》的思想淵源 160
關於依止法 161
如何成為具格弟子 163
下士道修學中的注意事項 164
暇滿、義大、難得 166
辯證看無暇 168
人生佛教和下士道的修行 169
如何念死無常 170
皈依三寶的意義 172
業的造作與積聚 173
業的認識 174
業力與懺悔 176
無生懺和心的本質 178
煩惱、業、果報 179
承前啟後的中士道 181
以觀苦鞏固出離心 182
從認識苦到解脫苦 184
我見為一切煩惱之本 185

解脫道和菩薩道 187
《道次第》的核心內容 188
如何信受並發起菩提心 189
受持菩提心的要領 191
關於自他相換 193
菩薩道的修行 194
大乘的慈悲和聲聞乘的四無量心 195
止觀的實質 196
分別與無分別 198
分別與執著 200
《道次第》修學規則 201

《道次第》修學釋疑 205

《三主要道頌》講記 217

一、緒論 218
二、修學三主要道的意義 225
三、造論目的 229
四、策勵聽聞 231
五、出離心 236

六、菩提心 245
七、空性見 255
八、結束分 266

編者的話

道次第，即由淺而深的修道次第，古今大德多有相關著述，而藏傳佛教宗喀巴大師所造的《菩提道次第論》，更以其內容完整、次第清晰而影響至今，廣為四眾弟子推崇。宗大師的《菩提道次第論》包括《廣論》和《略論》兩部，完整概括了走入佛門至成就佛道的全部過程。其中，《菩提道次第廣論》是宗大師四十六歲時所造，總依彌勒菩薩的《現觀莊嚴論》，別依阿底峽尊者的《菩提道炬論》，從道前基礎開始，由下士道（人天乘）、中士道（聲聞乘）、上士道（菩薩乘）層層遞進，將三乘佛法總攝於一成佛之道。但《廣論》卷帙浩繁，普通根機者往往望而生畏，故於五十九歲時另造《菩提道次第略論》，將《廣論》核心內容作了概括，並完整保留其中關於修法部分的內容。可以說，它不僅是《廣論》的簡化版，也是修持版，實用版。

上世紀初，大勇法師、法尊法師等先後入藏求法，並將《略論》和《廣論》譯成漢文，得到太虛大師的高度評價，稱之為「不沒自宗，不離餘法，而巧能安立一切言教，皆趣修證。故從天竺相性各判三時，以致華日諸宗之判攝時教，皆遜此論獨具之優點」。此後幾十年，《道次第》在漢地雖時有弘揚，但主要還是集中於修學較為深入的專業人士，並未在四眾弟子中得到普及。至上世紀九十年代，台灣日常法師講授《廣論》的錄音傳入內地，藉由這一因緣，逐漸在各地掀起學修《道次第》的風氣。

濟群法師與本論的因緣，始於中國佛學院求學期間。其時，從夢參老法師聽聞《道次第》。夢老曾於藏地求法十年，並在格魯派三大寺之一的色拉寺學經五年。此後，濟群法師一直注重對此論的弘揚。上世紀九十年代，即在閩南佛學院為研究生講述《道次第》相關課程。而在法師擔任所長和導師的戒幢佛學研究所和西園寺青年佛學進修班中，都將《道次第》作為必修的基礎課程。二〇〇四年，法師還以一年時間，親自對《菩提道次第略論》作了詳細解說。尤其對三士道各個修學環節及運作原理所做的剖析，深入淺出，環環相扣，聞之豁然開朗。這一系列影音檔共一百一十四講，有字幕版的DVD、RM和MP3光碟流通，並在「戒幢佛學教育網」和「濟群法師個人主頁」提供網路下載，各大影片網站也有轉載。此外，法師還先後多次為戒幢佛學研究所研究生和各地「《道次第》學習小組」作相關修學開示，從不同角度對《道次第》的修學目標、重點、要領和實修理路進行概括性的介紹，撮其要義，濃縮精華，對學習本論有極大幫助。

本書收錄了濟群法師關於《道次第》的系列開示，還附了一篇《三主要道》講記，這些內容不僅有助力我們更好地修學《略論》，同時也能快速掌握佛法的修學要領，所以把它和《略論》講記放在一起，供大家修學參考。

安隱

《道次第》修學意義

——二〇〇八年秋講於廈門道次第專修班

首先恭喜大家進入「《道次第》專修班」學習，同時也希望大家通過這一階段的學習，真正走上解脫之路，菩提之路。無始以來，我們始終在輪迴中流轉，經歷了無數悲歡，無數苦樂，無數生死。雖然一直在尋求離苦得樂之道，但因不曾皈依三寶，沒有佛法作為指導，始終無法從中出離。即使在那些已經信佛、學佛的信眾中，也往往由於缺乏善知識引領等種種原因，修學不得要領，難獲法益。於是乎，依然被習氣和輪迴的力量所牽引。

輪迴之所以有著巨大的力量，原因就在於我們內心的惑業。所謂惑業，就是因迷惑造作的業力。我們在掙扎，在哭嚎，也在尋求，在探索，可無論怎麼努力，都難以脫身而出。正如佛經所說，凡夫在輪迴中，就像老象落入泥潭，越掙扎就陷得越深，越難全身而退。

什麼叫輪迴？輪迴不僅是一種現象，根本還在於，它是一種製造輪迴的心理。這種輪迴不在別處，就在我們的身上，在我們的身邊，在生活的每個當下。包括家庭的輪迴，情感的輪迴，事業的輪迴，人際關係的輪迴，等等。

所有這些輪迴，都是代表我們內心的一種迷惑和執著。因為迷惑而執著，因為執著而追逐。在追逐執著對象的過程中，執著又會隨之增長，使我們進一步再去執著。從起點走向終點，又從終點走向起點，就像不斷轉動的車輪，循環往復，不曾少息。

從這個角度說，輪迴就是生命的重複。而凡夫的輪迴，更是生命的低級重複。所以，我們必須深刻認識到輪迴的過患。雖說在座的每一位可能生活處境不錯，但這種快樂是建立在無明基礎上，是短暫而微不足道的。佛經中有個比喻，就像落井的人抓住一根枯藤，雖未立即落入井底，但井上有猛獸虎視眈眈，井底有毒蛇翹首以待，而手上抓著的這根救命繩索還被老鼠不斷啃噬。在這危機四伏的時刻，井邊一個蜂窩正在往下滴蜜。這一點點甜蜜，居然就讓他忘記所有險境，忘記當務之急是從井中脫離。

我們可能不相信世間竟然會有如此愚痴不堪的人，事實上，凡夫的生命狀態正是如此。在今天這個世界，外在環境已危脆不堪，內在煩惱也日益深重。直面這種危機，正是尋求解脫的重要前提。否則，我們就會安於現狀，得過且過。因為世間有的是輪迴夥伴，有的是各種讓我們暫時忘記痛苦的浮華表象，讓我們誤以為，此處就是家園，就是歸宿。

學佛，是要從生命的不良狀態中走出，走向解脫，走向菩提。這是一條需要上下求索的艱難征途，其難度就在於惑業力量太大。在這個充滿誘惑的時代，外在環境極其複雜，學佛環境同樣複雜，到處充斥著種種似是而非的說法，令人不明真偽，難辨正邪。

在林立的知見前，我們如何選擇？靠什麼標準選擇？多數人都是跟著感覺走。但我們要知道，這是十分危險的。因為人最大的問題就是自我，凡夫心正是建立在自我的基礎上。我們相信自己，事實上，我們無始以來一直都在相信自己，相信所謂的感覺。但結果卻使我們在輪迴中流轉不休，沒有出頭之日。

學習《道次第》，就是幫助我們找到走向解脫的捷徑。如何才能使修學走上正軌，順利前行？首先是對這部論典生起信心，而且是堅定不移的信心。否則，我們最後還是會被感覺牽引，在不知不覺中偏離方向。

我經常強調學佛起點的重要性，因為起點就決定了你的終點。如果這個起點是以自我為中心，無論我們做的是什麼，最終都會成為凡夫心的增上緣，進而發展出輪迴的結果。如果這個起點是以三寶為中心，並在前行過程中保持正確方向，才能使我們走向解脫，走向菩提。

在學佛過程中，方法、目標、態度、重心是我們必須高度重視的。如果在這幾個環節出現偏差，無論做什麼都是表面文章，都沒有實際力用。

大家通過之前兩年的學習，增長了不少佛法知識。但如果對學佛的重心不夠明確，也就僅僅是增長了一點知識。那樣的學習，不過是泛泛地學一學，永遠是在被動而非主動的階段。雖然學了不少課程，但生命究竟有多大改變？從佛法中究竟得到多大受用？

學佛的效果，不在於知道多少名相，背誦多少經典，關鍵還在於能否用得起來，這才是學修的關鍵所在。所以，我們不僅要準確理解法義，更要將法落實到心行上，切切實實地用起來。

如果法不能成為改變生命的增上緣，很可能會成為我執的增上緣，覺得我學了佛法，那些沒學佛的不如我。事實上，不少學佛者都有這種「信仰優越感」。

所以，我們需要明確學佛的重點。這個重點是在我們內心，而非書本。經教的作用，只是幫助我們了解心的種種作用和誤區，幫助我們撥開迷霧，正視生命存在的過患和缺陷。

《道次第》中，講到聞法必須具備六種想。其中之一，就是把自己當作病人，當作無明大病的患者。唯有看清這一現實，才能通過修行來解決問題，解除生命內在的輪迴之因，進而成就佛菩薩那樣慈悲智慧的品質，那樣解脫自在的人生。

法在內心有一分作用，生命就會得到一分改善。這也就是佛法所說的現法樂住，你有一分實踐，內心立刻就能感受一分法喜。不必等到臨終才能檢驗，不必等到死後才能證明。所以我現在提倡的是當下因果，當下解脫。如果方法正確且真正用心，必能獲得法喜，從中受益。

各地「《道次第》學習班」中，有不少是社會上的成功人士，他們原來雖然也跑寺院，修供養，但並沒有多少佛學基礎，對佛法內涵也沒有多少認識。通過一門深入地學習，在短時間內就感受到極大法益，得到極大受用。

所以學習不在於時間長短，關鍵是方法正確且真正用心。否則的話，往往越學越沒有感覺。因為你所聽到的這一切，都不曾用得起來，都無法對治煩惱，解決問題。這就會使我們對聞法產生懷疑，產生疲倦，最終退失道心。這樣的情況，不僅在家眾有之，出家眾也不乏其人。看的書很多，聽的法很多，但最後只是一種說法，一個形式，只是給自己加上了一點佛法的包裝。解下這個包裝，內在的一切依然故我，毫無改變。

這樣的學修，即使學的時間再長，也只是做做表面文章。我出家後，在佛學院待了近三十年，學的經教不少，參訪的善知識也不少。近年來之所以特別提倡《道次第》，正是有感於大眾學修中普遍存在的弊病。

弊病主要有兩類，一是不得要領，二是偏執一端。因為法不入心，最後就學出一大堆凡夫心來。由此，我深深體會到佛法基礎建設的重要性，並將弘法重點轉向修學次第的引導，及皈依、發心、戒律、正見、止觀這五大要素。尤其是前三項，是一切法門修學繞不開的基礎，也是修學佛法的重中之重。

如果我們不了解這個重心，不了解生命的過患，學佛就不容易走上正軌。或是若有若無地學一學，或是把經教當作一種說法，或是乾脆學到名聞利養中去。所有這些問題，都是因為重心沒有擺正。不曾找到切實的支點，自然會四處晃悠，沒有著落。

此外，態度必須認真。佛法要說難，確實也難，八萬四千法門怎麼會不難？古德說：「難難難，十擔油麻樹上攤。」學佛就像把油麻攤到樹上讓它不掉下來一樣，如何不難？我們需要面對的，一方面是無量法門，是三藏十二部典籍；一方面是內心的煩惱惑業，是無始以來所形成的輪迴力量。要從這種惑業泥潭中脫身，談何容易？

但我們不要一聽到難就失去信心。古德又說：「易易易，百草頭上祖師意。」因為每個生命內在都具足佛菩薩那樣的潛在品質，這也就是佛陀悟道時所證得的，一切眾生皆具如來智慧德相。所以說，佛菩薩始終在我們的六根門頭放光，只是眾生被無明所蔽，不見生命真相而已。

如果我們認準之後，修行就不再是無從下手的難事，成佛也不再是無法企及的夢想。成佛，是生命的覺醒，是開顯我們的自家寶藏，而非成就外在的什麼，不是無中生有，不是造就全新產品。我們所要成就的，只是本然現成的東西。

所以，這項任務也難也易，關鍵是方法正確。如果沒有方法，我們要爬上屋頂困難重重，但方法正確的話，卻可以登上月球，遨遊太空。所謂方法，也就是佛教所說的方便。

佛法雖然典籍眾多，但核心無非是解脫的經驗。當年，佛陀在菩提樹下悟道，說法四十九年，談經三百餘會，就是為了使眾生超越輪迴，解脫自在。

其後，歷代古聖先賢遵循佛陀指引的道路，修行傳道，使佛法薪火相繼，延續至今。我們今天學修，同樣需要有傳承，有善知識指導。否則的話，凡夫總是喜歡憑個人感覺來抉擇法門，那樣學到的佛法，往往是被打上自我烙印的，是被凡夫心染汙的。

所以，態度非常重要，要認真虔誠，不要自以為是，縱容個人感覺。許多信眾特別熱衷於朝聖或拜見師父，今天學這個經教，明天修那個法門，把學法當作集郵，當作收藏，當作互相攀比的資本，但哪一個都沒時間真正入門。這樣的修行結果，也就可想而知了。

當然，開始會有一個多方接觸和選擇的階段。一旦作出正確抉擇，需要做的就是正確重複，在重複中鞏固，在重複中加強。如果我們找到一條正確道路，就要老老實實地跟著走。走到一定階段，才可以放鬆地四處看看風景。

佛法以信為能入，智為能度。我曾給溫州《道次第》學習班成員說過，學修離不開四個一，那就是一個目標、一張地圖、一位導師、一群夥伴。

一個目標，就是解脫。不少人害怕解脫，以為一解脫就無法再過正常生活，就要和這個世界永別。事實上，我們所要解脫的是煩惱、迷惑而非其他。解脫煩惱、迷惑之後，我們才能自由自在，不被輪迴所縛，這也是學佛的真正意義所在。進一步，我們不僅要自己解脫，還要發心幫助更多的人走向解脫。

一張地圖，就是《道次第》。這是宗大師為我們提供的，從學佛到成佛的簡明套路。其中，對每個步驟解決的重點和所應達到的標準都有詳細說明。我在戒幢佛學研究所講述《菩提道次第略論》課程時，對每個步驟的用心原理和修學規則都作了展開說明。只要把那一百多講課程用心聽下來並準確理解，相信大家就能把握佛法修學的基本理路。

一位導師，就是依止修學的善知識。如果你們對我有信心，就老老實實地跟著學。不是我需要你們對我有信心，而是具備信心之後，你們才能和法相應，才能從中真正受益。其實，你們的信心對我也是一種責任。但從佛法修學的需要來說，卻是必不可少的前提。阿底峽尊者的弟子們祈請尊者加持時，尊者的回答是：「弟子啊，我求你們的信心。」事實也確實如此，唯有具足信心的弟子，才有能力納受上師加持。否則，就會像《道次第》所說的覆器那樣，即使法雨周遍，也是滴水不沾，空空如也。每天就在自己的感覺中轉悠，那是玩什麼呢？就是玩輪迴，最後辛苦的還是自己。

一群夥伴，就是菩提道上的同修。你們要互相提攜、互相促進。我們總在說發菩提心，說要幫助天下眾生，這就必須從身邊的人做起，對身邊的人寬容、愛護、平等、慈悲。如果連周圍的人都無法相處，菩提心從何修起？

這次，專修班制定了相關公約，主要是針對以往出現的一些陋習而規定。所有的戒律和規定都是針對人性弱點而施設，當然會在某方面和我們的感覺發生衝突。但我們要知道，順著感覺就是順著凡夫心，雖然現在可能感覺很舒服，但未來後果堪憂。因為那是在給凡夫心增加養料，最終使你成就一個巨大的凡夫心。

古德講：「處事不求無難。」幫助障礙也是修學的增上緣。比如每天都有人恭敬著我，那種感覺似乎很不錯，好像自己是佛菩薩一樣。換作你們，也會覺得舒服。但當這種恭敬變成誹謗或其他種種考驗時，內心是否會在衝擊中產生變化？是否還能如如不動，泰然處之？這時就能看出你是不是真有料，是不是當得起這份恭敬。

所以，逆緣也很重要，它更能讓我們看清內心的缺陷，看清修行的薄弱之處。我以前一直是當法師的，很單純。這些年逐步做一些辦學、弘法方面的事，希望為四眾弟子提供一個修學平台。在做事過程中，逆緣會隨之而來。這就是考驗心性的時候，是交出修行答卷的時候。我感覺自己這幾年能有一些進步，在某種程度上，正是得益於做事。這也就是古德所說的歷事練心吧，通過一些逆緣來磨練心性，調伏習氣。

當然，學習不是靠公約。但要讓我們的不良習慣得到修正，離不開相應規範。希望專修班的學員不是來這裡豐富業餘生活的，而是確實意識到輪迴過患，從而主動自覺地尋求解脫，改善生命。學佛是我們自己的事，不是誰在約束你。只是當你學法尚未走上軌道時，需要外緣的推動。一旦走上軌道，就不再需要這些，而會主動自覺地求法。就像五祖送六祖過江時說：「是我渡你嗎？」六祖的回答是：「迷時師度，悟了自度。」

這個班的學習為期兩年。兩年的時間，在生命長河中非常短暫。希望你們珍惜這一因緣，不要想著走捷徑，想著還有更好的法，結果轉了一圈，再回頭已是百年身。

還有不少人，總在說「我很忙，沒時間，等有了時間再好好學。」其實，每個人的一天都是二十四小時，所謂忙，無非是你覺得還有更重要的事，必須優先處理那些事情。那些因為忙而被擱置的，無非是我們覺得不重要的。但我要告訴大家，解脫才是生命中最重要的事，與此相比，你們現在追求的事業、金錢，都只有暫時的、微不足道的意義。

如何才能走向解脫？《道次第》為我們指明了一條穩健而直接的道路。整個《菩提道次第略論》系列講座有一百一十四講，這是我在蘇州戒幢佛學研究所的講課錄音，也是我近年來向信眾大力推薦的。

最後，衷心祝願「道次第專修班」的每個成員都能認真參與，圓滿完成兩年的學習，在菩提道上打下扎實基礎。

《道次第》修學漫談

——二〇〇八年秋講於西園寺般若堂

學習這件事，確實大有學問。我們現在的學習，多半是一種學院式的學習，是停留在書本知識上的學習，甚至對知識本身的掌握都不是很完整，很準確。在心行上的作用，那就免談了。這樣的學習，哪怕學得再多，過一段時間，在社會上忙一忙，可能就丟光了。因為它沒有落實到心行上，沒有轉化成內在的生命品質，所學只是浮光掠影，流於形式。尤其對在家居士來說，平日事情很多，用於學法的時間有限。如果泛泛而學，是不可能達到理想效果的。

我不知道你們現在到底學得怎樣？僅僅考試一下或寫篇文章，幫助不了多少問題。關鍵在於，學進去沒有？所學法義在心行上產生作用沒有？

【一】

為什麼將《道次第》作為專修班的重要學習內容？原因在於，這部論典為我們提供了非常簡明的修學套路。通過這一引導，可以使我們擺脫凡夫心，進入解脫的軌道，成佛的軌道。

修行的作用是什麼？簡言之，就是完成心行到生命軌道的調整，最終完成內在品質的改善。我們的起心動念，既來自於固有串習，同時也在強化這一串習。而我們現有的心行基礎就是凡夫心，就是輪迴的軌道。所以，這些心念都是和六道相應的，和地獄道相應，和餓鬼道相應，和畜生道相應。再好一點的，是和人道相應，和天道相應。

從心念形成生命軌道，代表著生命的因果，生命的緣起。它既是外在的，也是內在的，因為每種外在結果都是內在心行的外化。三惡道，是由內在煩惱所導致；佛菩薩，也就是由生命品質所決定。我們找到問題根源，也就知道修行的重點在哪裡，需要調整的是什麼。

《道次第》中，宗大師為我們建立了從道前基礎到下士道、中士道、上士道的修學引導。其中每一部分，都是通過對某個法義的思惟和觀修，使心行契入其中，完成某一階段的修行。如道前基礎，是通過思惟暇滿而發心皈依。然後進入下士道，通過念死無常、念三惡道苦、皈依三寶、深信業果來完成人天乘的修行。中士道和上士道，也是同樣的修學理路。

【二】

思惟法義的作用，是幫助我們建立一種認識，形成一種觀念。如思惟暇滿，是幫助我們認識暇滿人身的巨大價值，認識它的難得易失。當我們學修相關內容時，對現有人身是否生起這一認識？是否真切感受到它的殊勝之處？

如果學了《道次第》之後，關於暇滿的認識依然停留在書本上，依然是宗大師的說法，而我們僅僅是了解這一知識，知道暇滿、義大、難得這些名相，並未落實到心行去認識，並未意識到人身多麼重要。我覺得，這種學習是沒有多少意義的。

真正的學佛，是把這一法義轉化為自身觀念，並以此反觀，對現有人身生起如理如法的認識，知道如何珍惜人身，使用人身。歸納起來，有這樣幾個步驟。其一，掌握暇滿人身的知識，知道其中究竟說了什麼。其二，將知識轉化為自身觀念，成為人生觀的組成部分。其三，以此看待自身問題，將所學觀念運用於修行和生活。倘能按照這一次第落實，那就意味著，我們真正懂得了法義，懂得了其中內涵，而不僅是字面的意思。也只有這樣，所學才能成為自家寶藏，而不是一些用來自我滿足的知識，或是一些向別人展示的說法。

以上步驟中，聞思修都已具備。不是說，必須在座上禪修才是修行。《道次第》的禪修，包括觀察修和安住修。所謂觀察修，是通過對法義的思考和認識，逐步落實為自身觀念。所謂安住修，就是對法義確定無疑並進入相關心行軌道。比如學修暇滿，首先是由「人身難得今已得」的慶幸而生起珍惜之情，然後安住其中，保持這種心理狀態。

當然，這種修行不是一次就能奏效，就能定型的。因為我們內心還有許許多多的固有串習在干擾，在搶占心靈頻道。稍不留神，又會在慣性力量中回到原有軌道。此時就需要再思考，再觀察，再用法義進行對照，直到這種珍惜之心再次提起。真正意識到，人身是今生最大的財富，是唯一可以用來改變命運的機會，必須牢牢把握，有效使用，以此成就它所蘊含的最大價值和究竟利益。

用現在的話說，思惟暇滿就是幫助我們重塑價值觀。那麼，這個價值究竟是什麼？換言之，活著的理由是什麼？若對人生沒有深層思考，反而容易找到一個打發自己的理由，比如人們常說的「為了孩子，為了家庭，為了事業，為了享樂」等等。他們認可這些理由，就能心甘情願地付出一生。當然，這種認可往往帶有「自欺」和「隨眾」的成分。所以，那些比較有思想的人就不容易滿足於這一答案，他們看到了這些理由的虛幻，也不認同其中的價值，但又找不到足以說服自己的理由。對於想要找到答案而無從知曉的人來說，這種思考是極其痛苦而無望的，不少人甚至因此走上了絕路。

所以這不是一個簡單的問題，而是關係到我們的安身立命之處。找到答案，也就找到了人生的究竟價值，我們才能確定自己究竟要什麼，不要什麼。所以，這是關係到整個人生的大事，也是關係到盡未來際的大事。

通過對暇滿人身的思考，我們是否建立了與此相應的價值觀？是否找到了生命的終極目標？這是需要自我考量的，如果沒有確切的答案，就說明我們這一階段的學習尚未過關。

【三】

我們對《道次第》的任何一法，都要這樣來落實，才能使修行走上正軌，次第進入下士道、中士道、上士道。

下士道的修學，主要是念死無常、念三惡道苦。關於念死，論中提供了很多思考角度，使我們保持對死亡的警醒。具備這些認識後，我們還要藉助思惟使之轉化為自身觀念，並以這一觀念看待死亡，完成心行調整。其作用在於，通過念死來放下執著，從而擺脫凡夫心和由此形成的串習。

念三惡道苦，則是通過對這種痛苦的恐懼，達到止息不善行為的效果，進而對三寶生起依賴和信心。輪迴中的每個眾生，都是無助而不能自主的。因為我們不能把握命運，不知去向何方，所以需要尋找依賴。多數人會把家庭、孩子作為依賴，這就形成了養兒防老的傳統。從目前來看，這一觀念也因種種現狀發生改變，所以人們又開始轉向儲蓄或購買保險等，以此增加安全感。但這些就能靠得住嗎？我們所要尋找的，是託付身心的依賴，是整個人生的保險，這就需要尋找擺脫輪迴的究竟歸宿。

《道次第》中，對每一法義的思惟都具有導向性。定位準確之後，還需要有量化指標，達到深信不疑的程度。如果將信將疑，或是「寧信其有不信其無」的模糊認識，是難以完成心行調整的。這個標準是什麼？比如對三惡道的思惟，考量的標準，就是畏懼惡道苦而尋求依賴，從而對三寶生起真正的皈依之心，止息不善行為。

皈依，是下士道修行的重點，也是貫穿佛法修學的核心。如果對三寶信心不足，修行是不可能入門的。我們對一切教理能否如實接受，對一切法門能否信受奉行，都取決於我們對三寶的信心。有多少信心，就能獲得多少法益。所以，在《皈依共修儀軌》的觀察修部分，不僅要念死無常、念三惡道苦，還要思惟三寶功德。事實上，念死和念惡道苦的目的，都是為了對三寶生起信心。如果意識不到自身處境，三寶再好，也無法引起重視。就像對健康人來說，醫術再高明的醫生，也不會覺得多麼重要。而對身患絕症的病人來說，若能出現一個治癒他的醫生，必然會緊抓不放，視為救星。也正因為如此，醫生才能對他產生作用。

很多人念佛都不能念得相應，原因何在？一方面是對輪迴的險惡處境缺乏危機感，一方面是對三寶的重要性認識不足。如果他覺得眼下這個地方很安全，很舒適，自然會樂此不疲地過日子。念佛，也不過是為了把這個日子過得更好一些，還是為過日子服務的。這樣的念，怎麼可能和佛菩薩相應呢？

【四】

在下士道的修行中，念輪迴苦是幫助我們生起皈依心。貫穿到中士道，則是生起出離心的必要前提。當我們說到「輪迴的本質是苦」，對這個問題有多少認識？或許有人會說：「天天念苦不是太消極了嗎？」這個世界有越來越多的消遣和娛樂，似乎也不見得有那麼苦。

從感覺而言，佛法也說有苦、樂、憂、喜、捨，並非一味的苦。從現象來看，「善業感得樂果，惡業感得苦果」，也是有苦有樂。那麼，佛陀為什麼又說「人生是苦」呢？這正是佛陀對輪迴所作的本質判斷，所謂「有漏皆苦」。對於這一觀念，我們認識到什麼程度？接受到什麼程度？不少人擔心，這種對苦的認知會影響現實幸福，於是心存抗拒。如果我們不去想，苦就不存在了嗎？顯然，迴避是解決不了問題的。

我們希望解決苦，就要正視人生的現實。眾生都是避苦而趨樂的，但我們能否找到一種快樂，無論何時享受都是快樂的？無論享受多久都是快樂的？倘能具備這些特點，才是本質性的快樂。事實上，我們找不到這樣的快樂。因為世間所有快樂都是建立在某種前提下，享受到一定程度就會轉為痛苦。反之，痛苦卻是具有本質性的，若不加以解決，我們時時都會生活在痛苦中。

如果不吃飯，就會飽嘗飢餓之苦。在這種痛苦被緩解之前，始終都是苦的，而且會越來越苦，直到生命結束。此時，吃飯就會成為快樂，因為它使飢餓得到緩解。可見，快樂不過是對痛苦的一種緩解。當身心產生任何一種需求，都會帶來不同程度的痛苦，在它被滿足前，痛苦會持續存在。而且，這些痛苦不是一次滿足就能徹底解決的。因為我們的身心會源源不斷地產生需求，製造痛苦，這就是「有漏皆苦」的本義。

【五】

這種認知，是我們發起出離心並尋求解脫的重要基礎。說到解脫，也有不少人會感到恐慌：「現在的種種幸福，是否會隨解脫而消失？」這就需要了解，解脫究竟是什麼？《道次第》中，宗大師明確告訴我們：能解脫的是什麼？所解脫的是什麼？我們為什麼要解脫？如何獲得解脫？

佛教所說的解脫，就是解脫生死，解脫輪迴。而生死和輪迴的根源，又在於我們的惑和業。業，是由心念及言行造作的種子。惑，則是無明和煩惱，其中有見惑和思惑之分。見惑，指無明形成的種種錯誤認識，如身見、邊見、邪見等錯誤觀念。一旦見道，這些迷惑將徹底瓦解。此外，還有很多錯誤認識產生的煩惱，也就是思惑。這就需要在見道後不斷作空性觀修，在觀修過程中，將心靈塵垢逐步去除。當所有心垢被清空，就能成就解脫，證得聖果。

所以，解脫不是解脫外在的什麼，不是放棄所有走入山林，那只是抵達解脫的方式之一。當然，放棄是一種容易見效的重要手段，但終究還只是助緣，關鍵是在於心行調整。如果內心惑業尚未去除，即使住到月球上，一樣會煩惱，一樣會痛苦。反之，若能斷除惑業，當下就是淨土，就是現法樂住。

【六】

我們看清生命真相，就會知道活著究竟是為什麼，知道生從何來、死往何去。否則，就會因迷惑而形成種種錯誤的知見、觀念和想法，並由此產生煩惱。因為觀念製造心態，當觀念出現問題，心態自然會存在問題。

我們每天要面對很多事情，不同的人也有不同的處理方式。不論什麼方式，歸納起來，無非是正確和錯誤兩種。所謂正確，就是和事實真相相符；所謂錯誤，就是和事實不符，是盲目而充滿情緒的處理方式。以正見如實觀照，就會透徹事物真相，從而發展出智慧。反之，則會引發諸多煩惱。所以，認知心理學也是通過對認知的調整來治療心理疾病。因為這些疾病的根源就在於錯誤觀念，及由此產生的錯誤想法。

唯識學中，將這種錯誤想法稱為遍計所執，即出於妄情而對一切現象產生妄執。世間任何一種現象的存在，都是依因待緣而起，屬於依他起。當我們面對這個依他起的現象時，往往會把固有的錯誤觀念投射其上，從而產生錯誤設定。唯識學經常舉的例子就是：黑夜中把繩子誤以為蛇，嚇得魂飛魄散。再如我們所熟悉的「杯弓蛇影」，也是同樣的例子。其實，凡夫的整個認識都存在這一問題，都是帶著有色眼鏡在觀察世界。我們所看到的一切，都是被自身經驗和觀念處理過的，帶有強烈的主觀色彩。

我們想要解脫，首先要擺脫這種錯誤觀念的束縛。怎樣才能擺脫？這就必須發展出如實見。所以在今後的學修中，還要將重點落實到對正見的掌握，以及將正見轉化成止觀的禪修上。

整個佛法的學習，無非就是學解脫、學慈悲。三藏十二部典籍，八萬四千法門，最終都是幫助我們完成這兩大任務。其中，又以解脫為本，因為慈悲就是解脫的延伸和圓滿。當我們獲得解脫之後，看到無量眾生還在飽受痛苦，發願解救他們，把自己獲得的解脫經驗告訴他們，就是菩提心，就是慈悲的修行。在具備解脫能力之前，這種慈悲都是不圓滿的。

佛教所說的涅槃，也不是指死後的境界，而是一種息滅。在我們內心，有貪的火，嗔的火，痴的火。這些無明之火不斷燃燒，在相續中形成一種強大串習，進而導致種種煩惱。當煩惱現前，心就會陷入其中，面對的是煩惱，感受的也是煩惱。我們看待任何人，任何事，都是這種煩惱的投射，使生命在躁動不安的狀態中不斷製造輪迴。

涅槃，是對煩惱的徹底止息，對輪迴的徹底止息。我們又靠什麼力量去止息？就是靠空性慧。空性所呈現的，是一種寂靜、喜悅、祥和。這種寂靜不是沒有聲音，而是一種內在力量，這種力量是安靜而強大的，會源源不斷地散發出喜悅，這就是解脫之樂，涅槃之樂。

【七】

我們通常所感受的快樂，只是一種粗糙、易變的感覺，是身心渴求被解決時產生的滿足感。但我們要知道，凡是依賴外在得到的快樂，都是暫時的，不究竟的，必然帶有負面作用。因為在依賴過程中，內心又會形成相應的串習。當串習形成而依賴對象又失去時，串習就落空了，無處安住了，於是就惶惶然不可終日。人們依賴上班來打發時間，一旦退休，就心無所屬，百般無聊。人們依賴家庭來寄託感情，一旦愛人變心，就身心崩潰，備受傷害。這樣的例子還可以舉出很多，凡是給我們帶來傷害的，都是我們曾經依賴、曾經在乎的對象。

這種痛苦，正來自我們內心形成的串習。沒有這種依賴的串習，無論世界怎麼變化，都無法對我們造成傷害。我們使用電腦並形成依賴前，沒有誰會說：「少了電腦就不會過日子。」可對現在的很多人來說，電腦已是生活、工作中的一個重要工具。一旦離開，輕則感覺不便，重則心生失落。為什麼電腦會變得這麼重要呢？關鍵就是內心形成了依賴電腦的串習，而這種串習需要得到滿足。

任何串習都代表著一種需求。這種需求不是與生俱來，也不是從天而降，是我們逐步培養起來的。當一種需求出現，我們就以相應的方式予以滿足，並因此產生快感。一旦快感消失，我們又會為了得到快感而不斷重複這一過程，最終形成串習。可是有一天，我們突然發現，那個依賴已久，甚至被我們視為自身一部分的東西沒了，真是要命的打擊。

不少人因為失戀而痛不欲生，其實在遇到對方前，獨自一人是不是就那麼痛苦呢？是不是就活不下去呢？顯然不是。為什麼曾經擁有再失去之後會如此難以忍受呢？問題就在於，他們在戀愛過程中已形成依賴的串習。當這種串習足夠強大，就會像膠水一樣，把我們牢牢黏在上面。這時再要分開，自然會感到撕心裂肺的痛苦。

現代人為什麼浮躁不安？就是內心有種種力量湧動，總是想著：我要幹什麼，我該去找誰。這些念頭，正來自無明製造的串習。觀修的作用，就是使串習不再有現行機會，就像火，沒有木柴就不會繼續燃燒。所以在佛法修行中，見性始終是核心所在。

【八】

生活中，每個人都是在強大的串習中，商人有商人的串習，學者有學者的串習，藝術家有藝術家的串習。這種串習就像磁場一樣，影響著各自的生活方式、行為習慣，甚至我們與生俱來的相貌。要和這些串習鬥爭，是一個艱難的過程。因為串習來自長期的培養，不僅僅是心理力量，一定程度之後還會物化，轉化為力量巨大的生理習慣。所以，我們面對串習時往往身不由己，就像老象溺泥，不能自拔。如果我們不願任其擺布，勢必發生激烈衝突。要想在這場鬥爭中取勝，一方面需要毅力，一方面還需要善巧，需要有效的方法。《道次第》所提供的，就是幫助我們調整心行的引導。從正確認識到形成觀念，然後再用正確的觀念思考問題，由此調整不良串習，改善生命品質。

你們學了一年《道次第》，只能算是這門課的一年級，應該繼續二年級、三年級的學習。如果能在三年內把《道次第》按以上要求學好，今後就有能力學修任何一部經論，就懂得怎樣認識並應用這部經論。

《道次第》不僅對佛法作了綱領性的歸納，更包含著一種方法、一種規則。從這個意義說，三藏十二部典籍、八萬四千法門都可以用《道次第》來統攝，可以按以上所說的步驟學修。在掌握《道次第》的基礎上，或是繼續學習中觀、唯識，以此加強正見；或是繼續學習《入菩薩行論》等，以此深化對菩提心的實踐。這樣修行，將是一條成佛的直接路線。

如果覺得聽過《道次第》就算完成任務，並不懂得怎樣運用，那還是停留在知識層面。即使再學其他種種經論，那也不過是在知識上增加一些知識，依然不會對心行產生影響，依然不會起到學佛的作用。久而久之，就會對修學失去信心。再或者，就是跑來跑去，以為自己只是沒有找到合適的法門而已，卻不知從自身尋找問題。那樣的話，再好的法門對你也是沒辦法的。

目前，整個教界多數都是這個情況，雖然學一些佛教知識，做一些佛教事業，但用心仍是凡夫心的延續，並未因為學佛而改變。因為心行基礎沒有改變，學得再多，也感受不到法益。到最後，甚至對法的興趣也會逐步失去。作為在家居士的學習，因為時間有限，更要講究效率。而《道次第》就是一部最簡明的引導，值得我們大大用心。直接針對心行存在的問題，逐一認識，逐一解決。

【九】

此外，教界還普遍存在不得要領或偏執一端的問題，這兩種情況也是因為缺乏完整的修學套路。傳統的修學方式，往往是跟隨一個師父。但在明眼師長難得一見的今天，這種個人化的方式會導致很多弊端。遇到一個念佛的師父，他告訴你要念佛；遇到一個誦經的師父，他告訴你要誦經；遇到一個持咒的師父，他告訴你要持咒；再遇到一個參禪的師父，他告訴你要參禪。如果不懂得將這些修法納入整個修學體系，必然會無所適從。

作為佛法修學，是存在一個普遍規則的。我們首先要了解這個規則，具備這個基礎，才有能力繼續學習任何法門，才不會出現偏差。否則，過早的一門深入往往會帶來片面甚至錯誤的認識。就像盲人摸象那樣，雖然也摸到了，但只是局部而已，對整體依然一無所知。甚至會因為對局部先入為主的印象，從此放棄對整體的探究，這是很可悲的。

在今天這個資訊化的時代，可以接受的知識太多，沒有一定的消化能力，看得越多，可能越茫然，越無從下手。所以，首先要把框架建立起來，然後才知道，這一法門屬於整個修學體系的哪一部分，應該從什麼樣的角度，以什麼樣的方式來修學。也正因為如此，近年來，我始終在提倡《道次第》的學習，目的就是幫助大家認識這種普遍規則。

最後，將以上所介紹的修學步驟作一歸納：一是準確理解法義，二是形成人生觀念，三是以此認識問題，四是調整不良串習，五是重複正確心行，六是改善生命品質。我希望，專修班的學習不要淺嘗輒止，而應繼續深入。按照剛才所說幾個步驟，把每個修法真正落實到心行，真正運用起來。

《道次第》修學地圖

——二〇〇八年秋講於南普陀寺青年佛學進修班

近年來，《道次第》在漢地日漸盛行，這一現象絕非偶然，而是反映了大眾在修學上的實際需要。今天是一個全球化的時代，資訊空前發達。對學佛者來說，不必出門就可接觸漢傳各宗乃至三大語系的相關典籍和開示，這種便利是過去無法想像的。

但任何事物都存在利弊兩方面。這些資訊固然使學人眼界大開，見識增廣，但同時也給修學帶來新的困擾。如果沒有能力對眾多學說進行處理，這種便利往往會令學人莫衷一是，造成思想理路的混亂。僅漢傳佛教已是博大精深，再加南傳、藏傳，沒有超凡的學習能力，結果必然是不得要領。或是茫茫然不知從何處入門，或是偏執一端，片面抓住一點而視為佛法全部。

是以，不少學佛者都希望將佛教眾多經典濃縮一冊，就像基督教以一部《聖經》概括全部教義那樣。有鑒於此，古今大德都編寫過關於佛法修學的概論。在眾多概論中，《道次第》以其完整而清晰的修學套路備受矚目。民國年間由大勇法師譯出《菩提道次第略論》後，太虛大師就親自作序推薦。其後，法尊法師又在漢藏教理院以隨講隨譯的方式譯出《菩提道次第廣論》，將本論完整介紹給漢地學人。近十多年來，漢藏兩地法師紛紛講解或注釋本論，各地《道次第》學習小組也蔚然成風。對有心學修的佛子來說，本論不僅能使我們在短時間內把握佛法綱要，更有詳細的修學指導，尤其在基礎部分，是修習任何一個法門必須具備的前行。

《道次第》的修學理路，從道前基礎開始，經下士道、中士道至上士道，概括了凡夫直至成佛的整個過程，內容極其豐富。不必說《菩提道次第廣論》，僅薄薄一冊《略論》，也是文約義豐，內涵深厚。若無有效的學習方法，仍會不得要領。那麼，我們學習《道次第》時應該注意哪些問題呢？我覺得，主要是抓住兩點——首先是目標清晰，其次是方法正確。

一、從目標與方法說起

1・目標

對學佛者來說，什麼才是正確的目標？現在到寺院燒香禮佛的人很多，他們也有目標，但這些目標和佛法指引的目標是否一致？同學們通過一年的學習，是否明確自己究竟為什麼要學佛？是來增加一些佛學知識嗎？是來豐富一下業餘生活嗎？還是來學習改善人生的方法？如果對目標模糊不清，我們就不知會走向何方，也不知最終會收穫什麼。

那麼，學佛的目標究竟是什麼？根據《道次第》的思路，可分為初、中、高三級目標。

所謂初級目標，就是繼續保有人的身分，且是離八無暇（非三惡道、非盲聾喑啞、非世智邪辯、非佛前佛後、非北俱盧洲、非無想天等）、具十圓滿（眾同分圓滿、處所圓滿、依正圓滿、無業障圓滿、無信解障圓滿、大師圓滿、世俗正法施設圓滿、勝義正法流轉圓滿、正行不滅圓滿、隨順資糧圓滿）的人身，因為這一身分才能用於修學。這在五乘教法中屬於人天乘，在《道次第》中屬於下士道的內容。

所謂中級目標，就是解脫煩惱、解脫生死、解脫輪迴，這是佛法的核心所在。佛陀對世間最大的貢獻，就是為眾生提供了解脫的方法。如果不想解脫，學佛是不可能有深度的，甚至可以說，還算不上合格的佛弟子。關於解脫的修行，在五乘教法中屬於聲聞、緣覺二乘，在《道次第》中屬於中士道的內容。

所謂高級目標，是令生命達到究竟圓滿，並幫助眾生達成這一目標。成佛不是成就外在的什麼，不是得到一種職稱或地位，而是成就無限的慈悲和智慧，成就佛菩薩那樣的生命品質。這在五乘教法中屬於菩薩乘，在《道次第》中屬於上士道的內容。

我們對照一下，自己究竟想要達到什麼目標？或者說，現有目標是否與此相應？如果我們學佛的目標不是以上任何一項，顯然是錯誤的定位，需要加以調整。

2．方法

明確目標之後，還要尋找抵達目標的方法。這種方法，佛教稱之為「乘」。所謂乘，就是幫助我們抵達彼岸的一種途徑，也是將我們從因地駛向果地的運載工具，通常有三乘、五乘之說。三乘，即聲聞乘、緣覺乘和菩薩乘。五乘，則在之前增加人、天二乘。在五乘教法中，人天乘為得生人天之法，聲聞、緣覺二乘為解脫之道，菩薩乘為成佛之道。

做任何事都要有正確方法，否則就會南轅北轍，事與願違，所以首先需要對方法進行選擇。世間很多宗教哲學同樣是以解決生命問題為目標，但因方法有誤，其結果或是顛倒，或是不盡圓滿，終非究竟皈依。信仰是人生最為重大的選擇，我們選擇佛教為皈依，就必須知道佛教好在哪裡。很多人聲稱信佛，卻不知佛教特質，不知佛法殊勝所在，只是為了祈求保佑、尋找慰藉而已。這種所謂的信，是無法幫助我們真正導向真理、導向解脫的。

擇定方法之後，還要對此生起信心，這樣，我們才會積極運用方法來改造人生。信心有多深，對人生的改變就有多少。就像是治病，若對醫生和治療方案充滿信任，自然會嚴格遵照醫囑，努力配合治療，從而達到最佳療效。反之，若對此缺乏信心，療病時就會三心二意，或根據個人好惡選擇性地接受治療，或在治療同時擅自增加偏方，不按療程進行。事實上，這正是目前很多人的修學現狀，試了很多方法，卻不夠完整；修了很長時間，卻沒有次第；走了很多彎路，卻不曾總結原因。最後甚至對佛法產生懷疑，事實上，問題的癥結正是在於自身而非其他。

3・《道次第》的框架

《道次第》為我們提供的，是修學的常規套路，其框架由道前基礎和修學次第兩部分組成。

在道前基礎部分，主要講述聞法態度、依止法、暇滿、義大、難得等內容。在修學次第部分，主要介紹下士道、中士道和上士道的修習內容，也就是前面所說的初、中、高三級目標。如果把修道看做蓋樓的話，道前基礎就是最初的地基部分。唯有打好地基，房子才能拔地而起，層層遞進。在這個次第上，是不可能取巧或省略的。不少學佛者但求速成，對基礎不以為然，短時間看似乎進展較快，但發展下去，或是停步不前，或是走偏出錯，或是因為某些挫折對信仰產生懷疑。就像房子，如果不打地基，即使蓋起來也是岌岌可危，隨時可能倒塌。

二、道前基礎

1．正視生命缺陷

佛法的根本作用，是幫助我們改善生命品質。所以，前提是認識到這一系統存在的問題，否則是不可能認真學佛的。就像一個病人，在不知病情前怎麼會採取治療措施？怎麼會積極配合治療？

生命由物質和精神兩部分組成，佛法稱為五蘊。在此系統中，身體會製造吃喝拉撒、生老病死等種種麻煩，內心則有情緒波動、欲望熾盛等種種不安定因素。人為什麼要忙來忙去？一方面是為了滿足身體的基本需求，但更多時候，是為了滿足欲望引發的惡性需求。在斷除無明前，這些惡性需求會源源不斷地被製造出來，使我們應接不暇，疲於奔命。

而那些聖賢、禪者所以能隨遇而安，處處自在，就因為他們內心是獨立的，除基本溫飽外不需要任何東西來填補，來支撐。因為不需要，就不會覺得缺少什麼，更不需要為此奔忙。當內心不再製造煩惱，製造需求，當下就是自足的，就能不斷散發喜悅和安詳。所以，我們需要從生命自身來尋找問題，因為輪迴、煩惱的根源就在內心，是來自生命內在而非外在環境。

2．端正聞法態度

怎樣才能改善生命？必須依靠法。通過聞法和對法的實踐，使法在生命中產生作用。

說到聞法，不是坐在講堂或打開錄音就可以，那只是聽見說法的聲音而已。真正意義上的聞法，是讓法義完整無誤地進入心田，這就必須端正聞法態度，遠離各種過失。心是接受法義的器皿，這個器皿必須向上、潔淨、完整，才能將所聞法義源源本本地納入心田。如果器皿倒扣，哪怕聽得再多，也是法不入心。如果內有汙穢，所聞法義就會被我們的成見處理過，不再純正。如果器身有漏，所聞法義就會很快流失，無法在內心儲存生根。不僅學佛如此，學習任何知識都要具備這三個條件。首先是用心聽聞，其次是不帶成見，第三是深入思考，這樣才能正確接受所學內容。

此外，還要依六種想，這是幫助我們端正學法態度的六種觀想。我們為什麼要學佛？社會上有不少學者也在研究佛教，也看了很多經論，但他們只是把佛法當作研究課題，是為了寫論文，為了得到學術成果。以這樣的出發點研究佛學，和做世間任何學問並無差別。即使研究得再精微，也不會對人生產生什麼影響，因為這種研究和做人是在兩條不同軌道上進行，沒有一個產生作用的交叉點。而我們學佛是為了安身立命，為了究竟解決人生問題，這就需要把自己當作病者，把佛法當作藥物，把善知識當作醫生，把學修當作療病，把如來當作正士，同時對正法生起久住想。這些觀想直接關係到心對法的開放程度，關係到我們對法的接受程度。

3·依止法

《道次第》中，將依止法作為入道根本，是道前基礎的重要內容之一。所謂依止，就是對善知識生起絕對的依賴。當然，前提是你所依止的確實是善知識。若不加選擇地隨意依止，盲目生起信心，是很容易出現問題的。所以佛陀在強調依止善知識的同時，也特別強調法的作用，告訴我們要「依法不依人」。因為依止是為了更好地學法，而不是和善知識建立什麼個人關係，所以法才是最終的檢驗標準。

現代教育強調獨立思考，很多人會把這一習慣帶入學修中，根據個人好惡對法進行選擇，進行取捨。但我們要看到，這些選擇和取捨是建立在我們現有的認識上，其基礎就是無明，是不可靠的。若不放下成見，就會不斷在現有思惟誤區中徘徊，不斷地走彎路。

真正的善知識應該是和法統一的，或者說，就是法的化身。那麼，怎樣才是具格善知識呢？《道次第》中，宗大師提出了十個標準，分別是具足戒、具足定、具足慧、德行圓滿、精進、通達教理、通達真實、說法善巧、具足悲憫、斷除疲厭。但很多時候，我們未必能遇到具足所有條件的善知識，那又該怎麼辦呢？是不是永遠尋找下去，等待下去呢？如果那樣，可能一生都沒機會開始修學。所以宗大師接著告訴我們，若找不到具足十德的善知識，可退而求其次，具備五個條件即可。但從目前現狀來看，恐怕具備五德的師長都不易遇到，不妨再把條件放低一點。但不能無限制地放寬，有三點是必須的：一是具備正見，二是戒行過關，三是具有悲心。其中尤以第一條最為重要，否則的話，不僅沒有收穫，還會形成邪知邪見，斷送法身慧命。

在學修過程中，善知識的作用就像嚮導。如果我們前往一個從未涉足的危險區域，途中布滿荊棘、虎狼出沒，僅靠個人感覺判斷，靠自己想當然地摸索，迷路或發生意外都是必然的。最保險的方式，是認準一個熟悉地形的嚮導，無條件地服從並跟隨。若對嚮導將信將疑，就很難隨其走完全程。基於此，《道次第》特別強調依止法的修習，要求學人「視師如佛」、「觀德莫觀失」，不斷培養並守護對師長的信心，由此生起無條件的信仰。當然，依止前必須按以上所說的條件認真觀察。否則就會像跟錯嚮導那樣，最終迷失方向。從這個意義上說，選擇善知識遠比選擇職業、婚姻更為重要，因為這是關係到生命走向的根本大事。

4．暇滿、義大、難得

思惟暇滿、義大、難得，是對我們現有的身分進行評估。

所謂暇滿，即前面所說的離八無暇、具十圓滿。這一人身究竟蘊含多少價值？一般人只是以此謀生，以此享樂，甚至成為這個身心的奴隸，一輩子都在為他的衣食忙碌。活著是為了生存，生存是為了活著。再或者，也不過是用來積聚財富，博得功名，但這些也是不長久的。一旦死亡到來，任何名利都無法帶走，無法用來和死神進行交易。

從佛法來看，這個身分卻是巨大的寶藏。因為一切眾生都具有和佛菩薩相同的生命層面，只是這種潛在品質尚未作用而已。正如《涅槃經》所說：「一切眾生所有佛性，為諸煩惱之所覆蔽，如彼貧人有真金藏不能得見。」我們懷有寶藏而不自知，反而四處乞討，流轉六道。怎樣才能開發這些潛在品質並最終成佛？基本的前提，就是具備人身，而且是有暇圓滿的人身。從這個角度來說，成佛的價值有多大，人身的價值就有多大。

這個身分不僅價值巨大，而且難得易失。或許人們對人身易失還多少有些感覺，因為現實中的確有太多致命的意外，太多飛來的橫禍。但對人身難得卻未必認同，現在世界有這麼多人口，生個孩子也很容易，這一身分似乎並不難得，不值得視同拱璧。但從宏觀來看，相對於無量無邊的六道眾生，生而為人的機會確實微乎其微。我們有幸感得人身，唯有珍惜他，善用他，才不辜負此生。

5·道前基礎的作用

學習《道次第》，不是掌握一些知識或名相就可以，還要將其中的每個認識落實於心行。論中，是通過觀察修和安住修來完成這種轉變。比如修習暇滿，需要不斷思考現有身分的價值，思考他的難得易失，直到這些思惟轉化為自身觀念，關於暇滿的修行才算入門。但這種認識未必是穩定的，一段時間後又會模糊，這就需要重新修習，不斷鞏固。《道次第》所說的每一個觀念，都要通過反覆修習來落實。從而使正念逐步發展，逐步替換原有串習。因為我們內心就是一個善惡交鋒的戰場，如果不能使正念成為主導，那麼左右局面的，自然會是貪嗔痴，是固有串習。

佛法是心地法門，一切修行最終要落實到內心，這就需要營造適合善法生長的土壤。有了這個前提，才能依次進入下士道、中士道、上士道。道前基礎的作用，正是為修行營造良好的心靈環境，就像播種前必須清理田地那樣。我們的內心，因長期疏於管理而雜草叢生，亂石嶙峋，如果不加修整就直接播種，即使日後護理得再精心，也不可能有多少收穫。因為生長空間已被雜草和亂石占據，在將這些垃圾清空之前，種子是沒有立足之地的。

三、下士道

在三士道修行中，宗大師將前兩種命名為「共下士道」和「共中士道」。所謂共，是說中士道為上士道的基礎，而下士道為中士道、上士道的共同基礎。就像三層樓房的第一層，既有自己的獨立空間，也與其上兩層所共。缺乏這個基礎，「更上一層樓」就是無法實現的空話。

從整個佛法修行來看，下士道所著重的人天善法並非終極目標，而是為解脫和成佛服務的，因為那才是佛法的不共之處。我們還要看到，即使佛教所說的人天乘，也有別於世間善法，有別於其他宗教。換言之，這是佛教特有的人天善法。現在不少人將人天乘和世間善法混為一談，不分彼此。甚至不少教內人士也熱衷此道，這是有嚴重弊端的。從長遠來看，可以說是對佛法建立基礎的摧毀。因為佛教的人天乘是建立在緣起因果的正見之上，而這種見地為其他宗教或世間善法所無。如果混淆兩者區別，就是對緣起因果的否定。此外，兩者遵循的德行也不一樣，不能簡單地劃上等號。

在下士道的修行中，主要包含念死無常、念三惡道苦、皈依三寶、深信業果四項內容。

1．念死無常、念惡道苦

念死和念惡道苦雖是下士道的修行內容，但對中士道、上士道的修行也很重要。以此作為基礎，才能進一步發起出離心，發起菩提心。

念死無常，是認識到這一身分的脆弱性。關於念死的修行，必須具備三點認識：一、死亡是必定的，二、死期是不定的，三、死時除佛法外餘皆無益。念三惡道苦，則是使我們對此產生恐懼。基於這種恐懼，就不敢造作墮落之業，就會主動尋找擺脫惡道的方法。否則，必如「無知者無畏」那樣，因無知而毫無顧忌地造業。其實，這種無畏並不是真的對惡道之苦無所畏懼，而是根本沒想到這一點，或根本不相信這一點。那樣的話，墮落也就在所難免。如果不能保有人身，未來就不能修行，解脫自然也就無望了。

所以，念死和念輪迴苦的真正目的，是為了提醒我們減少貪著，更不要為此造業。與此同時，還要尋找人生的真正歸宿，尋找究竟出離惡道的方法。這個方法就是皈依，也是下士道的修學重點。無論念死無常還是念惡道苦，本身都不是為了增加我們的恐懼，而是以此引導我們生起皈依之心。在無邊輪迴中，我們稍有不慎就會墮落。即使現在暫時保有人身，也是極其脆弱的，隨時都會失去。所以我們需要不斷提醒自己，看清自己在輪迴中的危險處境。唯有保持這種清醒，才不至被眼前名利所迷惑，被眼前安樂所陶醉。

2・皈依

誰能指引我們出離惡道？唯有佛法僧三寶，這也是我們的究竟皈依處。

皈依的重點有二，一是認識三寶功德，二是強化三寶在內心的分量。在座的多數都已皈依，但我們有沒有認識到三寶功德？進一步，三寶在我們內心究竟占有多大分量？如果沒有分量，佛法就不可能對人生產生影響。凡是我們覺得不重要的人，即使天天見面，也會視若無睹；凡是我們覺得不重要的事，即使天天在做，也不過是機械運動。這樣的人和事，對我們無非是些雖有若無的影象而已。反之，我們覺得重要的人和事，才會牢牢占據整個身心，使我們的一切都圍繞這個重點進行，就像人們對摯愛的事業，就像母親對心愛的獨子。當這種愛在內心有著壓倒一切的分量時，整個人生都會投入這種愛，哪怕為此捨棄一切，哪怕為此付出全部。那麼，三寶在我們心中的分量能否與之相比呢？

皈依，不僅是走入佛門的儀式，而是一直可以修到成佛的法門。皈依的最終目的，是成就我們的自性三寶。所以，從學佛到成佛的整個過程都沒有離開三寶，都是不斷念佛、念法、念僧的過程，否則就會偏離正道。從目前現狀來看，皈依往往流於形式。很多人雖然皈依了，但對三寶並沒有多少認識，佛法對人生也沒有多大影響，整個生命還是以自我為中心。近年來，我一直在各地提倡「皈依共修」，並撰寫《皈依修學手冊》，目的就是幫助大家深化對三寶的認識，強化三寶在內心的分量。真正的皈依，是要從自我中心的慣性中走出，開始以佛法為中心的人生。只有這樣，才算正式走上學佛之路。否則，不論讀了多少經典，修了多少供養，仍是凡夫心的延續，仍和修行了無干係，最多不過是培了一些福報。

我曾將佛法要領總結為五大要素，其中就以皈依為首。在皈依對象中，佛代表學習榜樣和成就目標，法是成就解脫的方法，僧是指導我們使用方法的老師。當然，不是所有出家人都能擔當這一職責，還需要選擇善知識。所以，皈依本身就包含著修行，也就是明確目標、掌握方法、依止師長。在這一修行過程中，我們還要時時憶念三寶功德。唯有對三寶深具信心，稱念「南無布達耶，南無達瑪耶，南無僧伽耶」時才會相應，才會具有力量。如果念的時候沒有投入心力，只是有口無心地念一念，是不可能產生多少作用的。

就像拿著一根雞毛往桌上扔，桌面是不會留下痕跡的。但要掄起一塊石頭往下砸，桌子就會砸出一個窟窿，甚至完全垮塌。為什麼？因為石頭很重，很有分量。其實心念也是一樣，凡是我們關注的，投入很多心靈能量的，就會像那塊沉重的石頭一樣，砸到哪裡，哪裡就發生改變。我們應該有這樣的經驗，平日很在意的人或事，不必刻意去想，也會不斷在內心浮現並對我們產生影響。我們念三皈也好，念佛號也好，能否念得相應，關鍵在於認識它的重要性。如果沒有在內心引起重視，沒有認識到念誦的意義，即使覺得應該去做，也是沒有力量的。所以，修皈依時必須用心，而不僅僅是追求數量，不僅僅是想著今天要完成這些任務。修行是一種正確的重複，唯有品質加上數量，才能在重複中鞏固正念，加強正念。

3．深信業果

深信業果也是下士道的重要修行內容，其中包括見和行兩方面。見就是緣起因果，行就是止惡行善。

佛法非常重視正見。所謂見，就是一種世界觀、人生觀。什麼是生命延續的規律？什麼是世界形成的規律？世界和我們又是什麼關係？對於這些問題，佛法的解釋就是緣起、因果。說到因果，很多人往往關注外在因果，比如做了什麼事，感得什麼結果。事實上，因果同樣離不開我們的心。

生命包括物質和精神兩方面。其中的精神系統，是由觀念和心態組成。而這些觀念、心態又和自身認識有關，和日常積累有關。我們做每一件事，在客觀上雖然會過去，但由此形成的種子卻會儲藏在我們內心，繼續產生作用。當某個種子積累到一定程度時，就會在眾多種子中成為主導，時時搶占心靈頻道。其結果，又會使這一種子繼續膨脹，繼續壯大。若是任其發展，貪婪者會越來越貪婪，暴躁者會越來越暴躁。想要改變這種發展勢頭，使生命沿著正確軌道前行，必須從觀念進行扭轉。

從佛教來看，生命是無我的，哪種情緒或觀念都不能代表我。我們現在的很多能力和習慣，都是兒時沒有的，是在成長過程中逐步形成的。但這些習慣並非固定不變，我們昨天感興趣的東西，今天未必還有興趣。今天不感興趣的，未來又可能產生興趣。為什麼會有這些變化？也和我們的心態有關，和生命內在的需求有關。

我們有什麼需求，就會追求什麼。從這個角度來說，人生種種就是以需求為因，由此產生的追求結果。但這些因也是自己培養起來的。我們今天的很多需求，古人並沒有，也一樣可以過日子，一樣可以過得有品質。我們今天之所以產生那麼多需求，和環境有關，更和自己有關。如果不清楚自己要什麼，不要什麼，就會在外界誘惑下不斷產生需求。而當這種需求被滿足之後，又會在內心產生一種依賴，形成一種力量。一旦需求得不到滿足，就會失落難過。事實上，當我們沒有產生相應需求前，有沒有這些都不會對我們產生影響。

另一重因果，則是以身口意三業為因，由此形成善、惡、無記的不同業力。這些業力不僅會給我們自身帶來快樂或痛苦的結果，表現出來，也會使別人感到快樂或痛苦。此外，善的力量會將我們導向善道，惡的力量會將我們導向惡道。所以輪迴也是內心製造出來的，是內心的延續和呈現。比如餓鬼，代表永無滿足的極度渴求，這種心態被強化後，生命就會呈現餓鬼的狀態。阿修羅是代表嗔恨和鬥爭，當這種心態走到極端，生命就進入阿修羅的狀態。畜生則代表愚痴，除飲食男女外沒有更高追求，如果人也只是為了生存而生存，沒有任何精神追求，那和動物是沒有本質區別的。可見，每種生命狀態都是內心的顯現。

我們有什麼心念，就會產生什麼力量，最終造就與之相關的性格乃至人格，影響生命的未來發展。

我們現在的生命狀態，是由過去的所作所為決定。而現在的積累，又會形成未來的結果。所以，佛教特別重視生命的當下，也就是把握現在。唯識宗認為，三世中僅當下是實有，過去和未來都是假有。因為過去已然過去，未來尚未到來。但我們怎麼知道有過去？正是從現有經驗中認識。我們為什麼知道有未來？也是從現有經驗去推斷。我們現在做了什麼，積累了什麼生命經驗，就會導向什麼樣的未來。我們有能力把握現在，也就有能力把握未來，決定未來走向。

《道次第》中，將業的特點歸納為業決定之理、不作不得、作已不失、增長廣大四點。也就是說，不曾造作的業無法感果，已經造作的業不會失去。不僅如此，業力還會繼續發展。我們懂得業果之理後，就要積極止惡行善。因為惡行會招感苦果，而善行會招感樂果。即使從自私的、自我保護的角度來說，我們也應該這樣去做。只有止惡行善，生命才能進入良性循環，才能有光明前景。否則，我們自己就會成為最大的受害者，首當其衝的受害者。

四、中士道

中士道的修行目標是解脫，這就需要知道：究竟要解脫什麼？又靠什麼去解脫？因為修行也像打仗一樣，需要知道敵人是誰，又以什麼戰略擊敗對方，才能有的放矢，有效進行對治。

1．輪迴是苦

輪迴之根不在別處，就在我們內心的惑和業。惑，是無明我執；業，是煩惱和由此造作的業力。

所以，真正要解脫的不是某個環境，也不是某些外在現象，而是產生現象的根源。否則，我們會有永遠對治不完的問題。

然後，我們還要意識到輪迴的過患，意識到輪迴的本質是苦，這是修習解脫的前提。如果我們覺得外邊的世界很精采，覺得無盡的輪迴很有趣，怎麼捨得離開，又怎麼會發起出離心呢？甚至很多佛弟子都覺得：自己各方面都很順利，再學點佛法，心態也不錯，保持這種狀態就好，何必修什麼解脫？這就是因為我們對輪迴之苦缺乏認識，所以把虛假當作真實，把短暫當作永恆。當我們身處順境時，想不到這一切都是幻滅的，是不可長久的。唯有透徹輪迴本質，我們才能居安思危，充分利用現有生命，為未來做好準備。

關於輪迴苦的思惟，《道次第》主要從總苦和別苦兩方面做了介紹。

其中，總苦又分八苦和六苦兩項。前者為我們熟悉的生、老、病、死、愛別離、求不得、怨憎會、五蘊熾盛八苦，不再一一展開解釋。後者為無有決定、不知滿足、數數捨身、數數受生、數數高下、無伴之過六點。一是無有決定，我們在輪迴中不斷轉換身分，和眾生的關係也不斷改變，時而結為親朋，時而反目成仇，不可貪愛。二是不知滿足，我們對欲望的追求永遠不知滿足，並由此帶來無盡煩惱。三和四是數數捨身、數數受生，我們不斷經歷生離死別的痛苦，看到別人死亡時固然難過，自己要離開世界時，更是萬般不捨，痛苦難當。五是數數高下，我們在世間的地位時高時低，時而貴為國王，時而淪為乞丐，時而萬眾景仰，時而遭人唾棄，就像遊戲一般，無須留戀。六是無伴之過，當我們要離開這個世界時，沒有任何人可以攜手同行，即使同時遭遇死亡，也會隨業風各自飄蕩，形單影隻。

別苦則對輪迴中的不同處境作了剖析。六道中，不僅三惡道充滿痛苦，即使在人、天、阿修羅這些善道中，同樣充滿種種不能自主的痛苦。因為輪迴的本質就是惑和業，就是一台不斷製造痛苦的永動機。人類的所有努力，包括五千年文明，無非是為了緩解由此而來的痛苦。我們不斷賺錢、不斷改善環境，歸根結柢，是為了緩解內心的某種飢渴，某種躁動。但緩解只是暫時的，痛苦卻從未停息。不吃飯就會挨餓，天冷了就會受凍，不睡覺就會疲勞，只要不去緩解，這些痛苦時刻都會發生。而所謂的快樂，只是痛苦出現時使之得到暫時緩解。我們用吃飯來緩解飢餓造成的痛苦，並由此獲得快樂，但這種快樂是短暫的，如果吃飽後不及時停止，快樂立刻會轉為痛苦。可見，這種快樂並非本質的。

那麼，有沒有本質上的快樂？無論何時享受、無論享受多久都快樂的事呢？有人說：生起善念就能帶來本質的快樂。這個答案似乎有理，但我們要看到，在凡夫的境界中，即使心生善念，也可能因行善被誤解或沒有回應而痛苦失落。因為這種善念不是純粹的，還夾雜著其他各種心理，是有限而有漏的善。唯有無限、無漏的善，超越輪迴的善，才能帶來絕對的快樂。而我們現有的凡夫品質，則決定了這種長久的、無法根治的痛苦。

2・發出離心

當我們認識到輪迴的本質是苦，認識到現有生命品質的過患，就不會對輪迴中的盛事抱有任何期待，從而希求解脫，這就是出離心。出離心有程度和純度的不同，唯有透徹輪迴之苦，出離心才能發得真切。否則的話，那種出離心是稀釋的。就像很多鬧著離婚的夫妻，總在吵也總沒離。原因就在於，其中還有愛恨交織，或有種種責任牽掛，所以念頭始終搖擺不定，無法決斷。若無絲毫感情和責任的羈絆，就會對婚姻生起強烈的出離心，分手也就勢在必行了。其實，「我要出離輪迴」的願望，和「我要離婚」的用心狀態是一致的，不同的只是所緣。一是要出離輪迴，一是要離開家庭。雖然對象不同，但願望的性質相同。所以說，能否出離的關鍵，就在於我們對輪迴還有沒有眷戀，還有沒有不捨。如果沒有這一切，當下就是解脫的。問題在於，我們雖然有了出離的願望，但這一願望並未純粹到沒有任何雜質，或是強烈到沒有任何干擾。所以，還要配合相應的手段，使出離心得以壯大。

中士道的修行，是通過發起出離心而達成解脫。通常，只是把出離心作為願望來說明，但我認為，也可把它理解為一種出離的能力，這個能力就是空性見。從這個角度來說，出離心也可以分為兩類，一是世俗的出離心，一是勝義的出離心。當然，這部分可以歸到空性見再講。

3．解脫的方法

解脫的方法，就是戒、定、慧三無漏學。

戒，是幫助我們建立一種和解脫相應的生活方式。我們現有的生活方式，是和輪迴相應，和煩惱相應的，這就決定了我們要流轉生死。我們想要從中出離，必須從生活方式開始改變。所以，佛陀不僅為出家行者制定了沙彌戒、比丘戒，還為在家居士制定了五戒、八戒。不少人把戒律看做束縛，甚至看做對人性的禁錮。事實上，佛陀制戒的真正目的絕非束縛，而是幫助我們建立和解脫相應的生活規範，幫助我們真正獲得自在。如果說是禁錮，那麼，它只是對凡夫串習的禁錮。就像為維護社會安定需要將罪犯收監改造一樣，為了獲得內在安寧，也需要將某些製造混亂的串習禁錮起來，有針對性地加以轉化。如果任由罪犯作惡，整個社會將一片混亂；如果任由串習活動，整個身心將躁動不安。所以，佛陀特別制定了種種戒律，通過對生活方式的規範來安頓身心，重建秩序。

然後是定，雖然持戒可以使生活變得簡單，使內心趨於清淨。但這不等於沒有妄想，所以還要進一步修定，將心安住在正念上。否則，第六意識會不斷展開活動，不斷翻出念頭。就像一潭布滿淤泥的水，稍稍一點波瀾，就會攪起大片雜質，使心進入混沌狀態。所以需要通過修定將所有念頭平息下來，當雜質被沉澱後，觀照力才會生起。其實，心是具備自我觀照和檢視能力的。只是我們總被外在事物牽制，總在不斷攀緣，總在掀起內心波瀾，從而忘失了這種觀照功能。定的修行，就是對種種心念進行管理並使之平息。

在這個前提下修觀，才能照見空性，喚起內在的解脫能力，從而斷除無明煩惱。當心在覺醒狀態下，煩惱是沒有力量的。就像虛空顯現的種種影象，儘管來來去去，卻不可能黏著其上，染汙虛空。所以，見道就是見到空性。然後還要修道，將塵封已久的阿賴耶識進行清掃，這一過程需要到十地才能完成，所謂「金剛道後異熟空」。此時，我們的生命版本就得以升級，生命品質就得以改變。

以上就是解脫道的修行步驟。首先通過戒定慧清除輪迴之因，進而喚醒自身的解脫能力，也就是佛教所說的涅槃。涅槃並非死亡，而是內在的寂靜。獲得這一能力，就會永遠處在喜悅、祥和的狀態中。這種快樂無須花錢去買，無須刻意尋找，也無須通過外在環境來營造。因為它是來自生命源頭，會源源不斷地向外流淌，這就是解脫之樂，涅槃之樂。

現在，多數人對解脫都很陌生，甚至不再奢望，這和修行傳承的中斷有一定關係。事實上，解脫並沒有像想像的那麼艱難。因為解脫不是成就外在的什麼，而是內心本具的能力，只要認識到了，然後熟悉它、使用它就是。將來，我們會把解脫作為重點來弘揚。在此之前，還要著重於基礎建設，因為解脫需要相應的前行和心靈環境為基礎。禪宗講直指人心，見性成佛，但不是人人都能在善知識引導下豁然開朗，桶底脫落。事實上，只有極個別的上根利智，才能在那石火電光的一瞬見道。所謂上根利智，並不是我們所以為的聰明人，而是煩惱障極薄，就像窗紙那樣一捅即破。如果煩惱厚如高山，堅如鋼板，恐怕十方諸佛也是無可奈何的。

五、上士道

從解脫的角度說，三乘是共同的。聲聞乘講解脫，菩薩乘也講解脫，不同的只是解脫手段。我們可以通過修學《阿含》解脫，也可通過修學唯識、中觀來成就解脫。雖然方法不同，但所獲能力是相同的，所謂三乘同坐解脫船。

當我們有了解脫經驗之後，看到芸芸眾生還在輪迴中為蠅頭小利周旋，為此造作墮落惡業，就要生起悲憫之心，將這一經驗和眾生分享。從這個角度說，菩薩道就是解脫道的延伸和圓滿。所謂延伸，就是把解脫的經驗延伸到眾生身上。不僅追求自己解脫，同時還要帶領著一切眾生走向解脫，這個過程便是慈悲的修習，菩提心的修習。成佛所成就的，就是佛菩薩的內在品質，就是無限的智慧和慈悲，二者缺一不可。正如宗大師在《道次第》中所說：「方便與慧，隨學一分，不得成佛。」這個方便，正是利益眾生、度化眾生的種種手段。

1・修智慧

以往，某些宗派在修行上比較強調無分別。這一觀念流傳至今，使不少學佛者都以為，修行就是不分別，不需要學什麼經教，不需要想什麼問題，坐下禪修才是正經。但究竟坐在那裡幹什麼？多數的人，不是打瞌睡，就是打妄想。禪修是為了明心見性，但我們究竟要明的是什麼心？見的是什麼性？究竟怎樣去認識？其實很多人並不清楚，這就是因為沒有正見。這樣的話，很可能會把不是真正要見的當作真實，或是把修行出現的一點感覺當作究竟。修行需要經歷內心調整，這是離不開分別的。所以學佛應該從分別到無分別，而非直接從無分別入手。在《道次第》的修行中，從道前基礎直到止觀，都是通過分別完成的。

現在的認知心理學也意識到，人的心態和觀念有莫大關係。若要調整心態，必須從改造觀念開始，否則，這些觀念會不斷製造身心、社會等各方面的問題。怎樣調整觀念？在成長過程中，我們對世界已形成固定的看法和認識模式。現在必須對這一模式重新審核，並以佛法正見進行調整。所謂正見，就是對世界的如實認識。在此基礎上，我們對世間萬象才能了了分明，不增不減。如果用來觀察的眼睛就有問題，所看到的世界，自然也是扭曲、模糊乃至完全錯亂的。

而所有的認識又會對人生產生影響。由正確認識發展出智慧，由錯誤認識發展出煩惱。認識到其中分歧，我們面對每件事，都要以佛法智慧去考量，去判斷。通過正確的觀察修，將正念逐步替換原有的錯誤觀念，使內心逐步接近見道的狀態。此時再輔以無分別的力量，就能直接契入了。所以無分別要以分別為基礎，以此糾正錯誤的觀念和心態。缺乏這個過程，我們很難從心靈誤區中走出。即使勉強自己坐下去，也不過是在一大堆煩惱中糾纏，或者將妄想誤以為修行境界。所以從修智慧的角度來說，必須有正見指導，這就像地圖一樣，是我們抵達目標不可或缺的指南。

2・修慈悲

慈悲也就是悲憫之心，這是每個人都具備的心靈品質。但我們的慈悲極其有限，且若隱若現，極不穩定。而佛菩薩的慈悲，則是無限的大慈大悲。為什麼人們都願意稱念觀音聖號？原因就在於，觀音菩薩對一切眾生都能生起平等的悲心。當我們達到這種心靈品質時，就與觀音菩薩無二無別了。

怎樣才能達到這一目標？就要發起菩提心。在大乘佛法中，空性見為三乘共因，而菩提心則是大乘不共因。《道次第》中，以形象的比喻說明了兩者之間的關係。就像耕作，土地、陽光和水是植物生長的共因，而播下的稻種、麥種則屬於不共因。播下稻種，就會收穫稻米；播下麥種，則會收穫麥粒。無論播下什麼種子，生長所需的條件是相同的。佛法修行也是同樣，三乘都要成就空性慧，為共因。唯有大乘才需要發起菩提心，為不共因。反過來說，唯有發起菩提心，才是真正的菩薩行者。否則，即使讀誦大乘經論，修學大乘法門，依然不是合格的大乘行人。

當然，這不是說聲聞人就沒有慈悲心。因為聲聞行者同樣修慈悲喜捨，同樣住持佛法、弘化一方，同樣有許多慈悲利他的行為。不同的是，聲聞的慈悲是隨緣而行，而大乘的慈悲是有承擔的，是將利益一切眾生作為使命，盡未來際、永無疲厭地去做。這樣的慈悲，就要通過菩提心的修行來成就。

菩提心大體可分為三類，分別是願菩提心、行菩提心、勝義菩提心。願菩提心，就是我要盡未來際利益眾生的願望。行菩提心，就是將願望落實於行動中，以六度四攝廣泛利益眾生。勝義菩提心，是證得空性後，從中生起平等無限的悲心。

在實踐菩提心的過程中，我執是最為重大的障礙。有些人可能就說：「我為什麼要利益眾生？」還有些人覺得：「我對眾生不感興趣。」因為凡夫所行的慈悲是建立在自我感覺上，有好惡，有取捨。要對所有人平等無別地生起悲心，而且是發自內心的願望，談何容易？

所以，宗大師在《道次第》中為我們安排了兩種修行方法，一是修七因果，一是修自他相換。

修七因果，是要思惟一切眾生和自己在無盡輪迴中曾互為親人，通過這一認知，解決「我為什麼要利益眾生」的問題，因為人們對親人還是願意利益的。之所以不願利益其他人，正是覺得他們和自己沒關係。這就需要認識其中關聯，然後培養對他們的好感。

修自他相換，就是要把對自己的關注轉向一切眾生。我們為什麼對眾生不感興趣？其實，無非是對自己或自己喜歡的人更感興趣，覺得沒人比自己更重要。當我們建立這種自我中心的串習時，自然無法平等地利益他人。現在，就要通過角色互換來完成轉變，將對自己的愛戀和執著轉向眾生，將對眾生的冷漠和放棄轉向自己。在此過程中，我們要思惟我執帶來的過患，思惟利他帶來的利益。通過這種思惟我們會發現：生活中，凡是過分在乎自己的人，必然煩惱重重，因為他們總在得失中計較，總在懷疑自己受到傷害。而那些處處為他人著想的人，反而是快樂自在的，因為他們心中只裝著眾生，已經容不下那些為自己算計的煩惱了。

通過這些思惟，就能逐步淡化我執，發心利他。除了座上的觀修，我們還要在座下實踐種種利他行，使心量逐漸打開，慈悲逐漸生起。那樣的話，不僅我們自己會感到快樂，周圍的人也都會喜歡你，接近你。關於菩提心的具體修法，可根據「修學菩提心」的六講光碟來學習，其中有較為詳細的介紹。

六、結束語

以上，將《道次第》的內容作了大致介紹。在我所接觸的信眾中，凡用心學過《道次第》且方法對路的，都能對佛法生起信心，並將心行導入修行軌道。希望大家對這一階段的學習引起重視，根據我在戒幢佛學研究所講的一百多講《略論》課程認真學習。奠定這一基礎，對將來修學任何一個法門都能有莫大幫助。

《道次第》修學要領

——二〇〇四年春講於戒幢佛學研究所

我們應當發心為利益六道一切眾生成就佛道而學習佛法。

做每一件事情，都是從發心開始的。學佛的要領，也在於如何用心。所謂修行，固然是對行為的修正，但關鍵還必須善用其心。所有的修行方法，歸根結柢是用來幫助我們調整心行。如果不善於用心，即使遍學三藏、廣修道場、接引無量眾生學佛，也無法使我們抵達解脫之道。甚至可以說，和成就佛道了不相干。

我們每個人，都有著無始以來形成的用心習慣。仔細分析一下，我們做哪件事不曾用心過？若是沒有用心，便不可能將事情做成。但我們一向關注的，只是做事的結果，卻從未在意自己是以怎樣的心做事。這種忽略，正是所有問題的癥結所在，也是一切眾生至今流轉生死的癥結所在。

很多學佛的人也不例外。他們所關注的，是修了什麼法門、做了什麼功德，如此等等。卻從不曾反省，自己是以怎樣的心在做。正因為如此，雖然修了幾十年，仍未擺脫原有的用心習慣，擺脫凡夫心的繫縛。

那麼，出家是否就不存在這些問題呢？不少人出家以後，雖然生活改變了，所做的事情不同了，但用來做事的心卻未曾改變。事實上，這種情況非常普遍。看起來，幾十年都在學佛、修行、弘法，實際上，凡夫心卻有增無減，只不過表現形式有所不同罷了。為什麼出現這樣的結果？因為他們在做這一切時，沒有正確的發心。於是乎，表面看是在學佛、修行、弘法，實際還是在培養貪嗔痴，增長凡夫心。這正是許多人修行卻沒有成就的原因所在。

所以說，修行的關鍵就在於用心。我們必須徹底改變過去的用心方式，以出離心和菩提心做事，這才是成就佛道必須具備的心行。當然，菩提心可能無法一步到位。但我們應當時常作這樣的觀修和訓練，做任何一件事，都要發心為利益所有眾生而做，為解脫六道一切有情的痛苦而做。

心行的成就是一種積累，也就是良好習慣的養成。只要我們不斷這樣觀修，菩提心的力量就會日漸增長。當菩提心具有足夠力量之後，便能戰勝凡夫心，消除由此帶來的一切負面作用。

「捨凡夫心，發菩提心」，是我們必須明確的修學核心。離開這個核心，即使事業做得再大，經論研究得再深，往往只是在以另一種方式助長我們的凡夫心。雖然做的是佛教事業，但只是積累了一些福德資糧；雖然學的是佛教典籍，但只是增加了一些佛學知識，對於修行證果卻是徒勞無益的。

一、目標：捨凡夫心、成就佛陀品質

《道次第》涵蓋了從學佛到成佛的整個修行過程，為我們修學佛法建構了非常清晰的脈絡。論中所展開的層層引導，不僅次第井然，且扎實穩健。我們學習這部論典，應圍繞《道次第》的要領進行，這就有必要對它做一個宏觀的把握。如果我們真正把握了這些核心，學習起來就會事半功倍。在此，我將扼要為大家作些介紹。

首先，《道次第》所成就的目標是什麼？那就是「捨凡夫心，成就佛陀的品質」。事實上，這不僅是《道次第》的目標，也是整個佛法修學所要抵達的目標。

1．捨凡夫心

在無盡輪迴中，推動我們流轉生死的動力正是凡夫心。它的基石便是無明，由此導致世間所有的煩惱。然後因煩惱而造業，在造業過程中，凡夫心又得到滋養和增長，如此循環往復。

我們擁有什麼？我們現在能感覺到的，唯有凡夫心。在凡夫的世界中，一切都是凡夫心的作用：煩惱、我執、貪嗔痴，皆為凡夫心的顯現。

凡夫心屬於佛經所說的妄識的層面。關於這一部分的闡述，在佛教典籍中占有相當分量。如《阿含經》，就比較偏重對妄識的分析，很少講到真心。在大乘經論中，唯識宗更是重視妄識分析的典型，並將其歸納為八識、五十一心所，闡述得極為精確，故名虛妄唯識系。但分析妄識的最終目的，是為了捨棄妄識。

那麼，如何才能捨棄妄識？在佛教中，有兩種不同的觀點。

一是認為妄識必須捨棄，如唯識宗所說的「轉識成智」。唯識宗有轉依之說，即轉捨、轉得。依唯識宗的觀點來看，生命有染和淨兩個層面。「染」是我們要捨棄的，「淨」則是我們要成就的。從這個角度分析，「染」和「淨」似乎有著截然不同的自體。捨棄染汙的妄識，方能成就清淨的識體。

一是「即妄即真」，認為染汙的妄識沒有獨立自體。換句話說，在妄想生起之處，既沒有根，也沒有去處。事實上，它並未離開真心的作用。所以妄識並不需要捨棄，因為它本來就只是呈現在真心上的影象。當我們以智慧覺照之時，它自然就消歸於空性中，了無蹤跡。

所以，認識到妄心差別，進而捨棄妄心，是修行的重要內容。

2・成就佛陀品質

但捨棄妄心並非修行最終目的。進一步，我們還要成就佛菩薩的品質。成佛，便是成就佛陀的功德和品質，成就佛陀那樣究竟圓滿的慈悲和智慧。如何才能成就這些品質？是通過三大阿僧祇劫的修行逐步成就，還是心性本自具足的？關於這些問題，佛教中也存在兩種不同的觀點。

如來藏體系的思想，提出佛性、如來藏和真心。認為在我們一念的心性中，本身就具足無量功德。我們只需將此開發出來，就能成就佛菩薩的品質。

在佛教中，建立於真心思想體系上的修行，如禪宗、大圓滿、大手印，都是立足於這樣一種見地。也就是說，我們現前的一念心性，與佛是無二無別的。但對於凡夫眾生來說，我們所具有的佛性未產生作用時，有和沒有是一樣的。在《涅槃經》中，將此比喻為貧女寶藏、力士額珠，雖有若無。而修行的作用，就在於開發它。

或許有人會感到奇怪，既然我們現前的一念心性與佛無二無別，為什麼現實中的我們又和佛菩薩有著天壤之別呢？那正是因為，我們都生活在凡夫心的層面。只有不斷剔除心行中的種種雜質，發起勇猛的菩提心，並輔以止觀力量，才能圓滿開發其中具足的一切功德。否則，像聲聞人那樣，雖已消除凡夫心，依然不能成就無量功德。

按照《道次第》的觀點，雖不以如來藏思想為究竟，但只要通過正確觀修，同樣可以在短時間內積累佛果的無量功德。菩提心具有無限的特徵，這種無限正是迅速圓滿佛果功德的祕訣所在。任何一件微小的善行，只要我們本著利益一切眾生的無限之心去做，所得的功德便是無限的。正如任何一個數字被乘以無窮大之後，結果必然是無窮大。所以，如果我們真正發起菩提心，對一切有情都能生起無限慈悲，並使心時時處於這種廣闊的無限之中，很快就能圓滿無量功德。

二、要領：三主要道

《道次第》的修學目標，即「捨棄凡夫心，成就佛陀品質」。關於捨凡夫心，本論主要是通過下士道和中士道的觀修來進行。

1・發出離心、捨凡夫心

在《道次第》中，下士道的內容為念死、念惡趣苦、皈依三寶、深信業果，中士道的內容主要是觀整個輪迴是苦。同樣是念「苦」，在不同的修學階段，所念內容卻大相逕庭。下士道的修學，是以成就人天善果為目標，故念惡趣之苦，希求人天之樂。而中士道的修學，是以發起出離心為目標，故進一步念人天苦，因為人天亦非究竟歸宿，仍在有漏的三界之內。此外，還應該了解苦生起之因——集諦，即有情生命延續的原理及狀況。

我們要不斷思惟死王之苦、惡道之苦，乃至人天之苦，思惟煩惱和業帶來的痛苦。這種觀修有助於我們生起真正的出離心。

說到出離，首先是出離環境。我們出家，就是對塵世生活的出離。但出離環境並非目的，因為任何境界都沒有實質。我們之所以要出離環境，是因為心對境界的貪著。所以，出離環境是為了擺脫心對此產生的貪著，歸根結柢，還是為了出離凡夫心。

凡夫心也屬於集的範疇。我們希望出離苦，首先應出離集。知苦，才會設法斷集。所謂集，就是煩惱、業力，就是生死相續。

業力，包括身口意三業。一般來說，似乎偏重於身業和語業，但意業卻是根源。貪嗔痴三毒，就屬於意業的範疇。我們在貪的時候，就造下貪的意業；嗔的時候，就造下嗔的意業；執我的時候，就造下我執的意業。正如《地藏經》所說：「南閻浮提眾生，舉止動念，無不是業，無不是罪。」貪的念頭每啟動一次，就造作一次貪業。再啟動一次，貪業就得到增長，如是不斷遞增。當然，意業並不都是負面的，同情、關愛、慈悲也屬於意業。

生命就是無盡的積累。在這種積累中，意業才是根本，身業和語業只是意業的外在表現。任何善惡行為的生起，皆因意業的參與才有了力量，才會在我們的阿賴耶識中形成種子。如果沒有意業的參與，它所形成的力量是非常微弱的。

在戒律中，每犯一條戒，都要考察是有心造作或無心造作。殺生，是有心殺還是無心殺；偷盜，是有心偷還是無心偷，並以此作為判斷是否犯戒的重要因素。這也類似於法律所考量的動機。

由此可見，心的參與非常重要。貪一次並不可怕，嗔一次也並不可怕。可怕的是，生命中形成了強大的貪心和嗔心。這些心行一旦成熟，將形成巨大的慣性，在未來生命中不斷主宰我們，促使我們造作種種惡業。修行的根本，在於將心從貪嗔痴中擺脫出來，使它不受五欲塵勞的繫縛。

在我們的習慣中，貪心生起時，貪就代表了我們全部的想法，使整個身心毫無保留地投入這種貪焚之中。而嗔心生起時，嗔就主導了我們全部的情緒，使每個細胞都燃燒著不可遏制的嗔火。

那麼，貪和嗔能代表生命的全部嗎？事實並非如此。當心介入情緒並為之左右時，我們已經感覺不出，情緒只是生命海洋中的一片浪花，並不是大海本身。在自然界中，一片葉子是微不足道的，可當它遮蔽了我們用來觀察世界的眼睛時，它甚至就成了我們的整個世界。我們對情緒的執著，恰恰將它化為了一片蔽目之葉。

如果我們具備智慧的觀照，就會看清念頭和情緒的真相，不隨它左右，不受它傷害。因為情緒和念頭只是虛空中的一片雲彩，大海中的一片浪花。而我們的心性，卻是虛空，是大海。如果我們執著一片雲彩，這片雲彩便是一切；如果我們安住於虛空，一片雲彩又算得了什麼？雲卷雲舒，虛空又何曾有過改變？

具備相應的定力之後，我們還會感覺到，並不是每種負面情緒都會對我們構成傷害。如果我們受到傷害，那只是因為心執著其中。這種執著非常強烈的時候，會嚴密、堅固得像一個封閉的器皿。使我們誤以為，這個器皿和充斥其中的情緒，就是我們的本來面目，就是我們能夠擁有的全部。也正因為如此，我們從來都不敢輕易離開這個器皿，從來都捨不得嘗試打碎它，以為那樣我們就會一無所有。事實上，當這個因為執我而構建的器皿被打破之後，我們所擁有的就是無限。或許，這麼說並不準確，因為無限是不能被擁有的。在無限之中，已不再有「能」和「所」的存在。

在學佛過程中，捨棄凡夫心是一項重大任務。佛陀他老人家在許多經教中談到的空、無常、無我及戒定慧等，都是幫助我們解決這個問題的最佳利器。這種幫助主要體現在兩方面，一方面是幫助我們認識凡夫心的真相，一方面是幫助我們有效對治凡夫心。

修行就如打仗一樣。打仗，首先要認識敵人的危害性，其次了解敵人在哪裡，然後才知道如何去對付它，最後還要採取行動，否則知道得再多也是枉然。而修行的困難還在於，所要面對的敵人是如此眾多，包括我們無始以來積累的種種不良習氣，其難度不亞於一人與萬人敵。

修行究竟修什麼呢？這並不是一個多餘的問題。事實上，很多人根本就不知道修行究竟在修什麼，究竟要解決什麼問題。如果對修行目標沒有清晰認識，很可能一輩子的修行都是在「成就」凡夫心。越是「精進」的話，「成就」往往也會更大。我們可以看到很多所謂的老修行，越修脾氣越大，越修我慢越重，越修越自以為是，覺得天下唯有自己真正修行，旁人皆是沽名釣譽之徒，皆是不如法的偽教徒。

如果修到這樣的境界，不論是和解脫道還是和菩薩道，都了不相干。因為無論哪一種修行方式，都是為了幫助我們去除我執，而非增長我執。

在《道次第》下士道和中士道的部分，通過對死亡、惡趣乃至人天之苦的觀修，使我們發起精進勇猛之心。唯有捨棄凡夫心，修行才能走上軌道，因此這一基礎非常重要。很多人認為佛法修行的核心在於空性見，一旦證得空性，所有問題皆迎刃而解。但事實並非如此，即使對空性有所體認，也並不能立即解決問題，因為通達空性也是為了幫助我們更好地克服凡夫心。見性只是真正修行的開始，之後還要通過修道來鞏固它。我們要知道，凡夫心的根深柢固，並不會因見道就立即瓦解。所幸的是，見道能使我們真正具備摧毀凡夫心的力量，然後再通過修道使其從根本上解體，而不僅僅是被降伏。如果不解決凡夫心，未來生命依然不能自主。對於這個重中之重，我們必須全力以赴。

2・菩提心

捨棄凡夫心，還有助於我們發起真實無偽的菩提心。如果沒有深刻意識到人生短暫及惡趣之苦，修行就不易有迫切感，更不會有燃眉之急，自然也難以發起猛利的出離心。唯有真正意識到生命無常，不斷念惡道苦，才會明瞭暇滿人身對修行的重要價值。並進一步推己及人，想到世間千千萬萬的人雖然得到人身，卻不能很好利用；想到六道一切有情，在無盡生命輪迴中都曾是我們的姐妹兄弟，如今卻沉淪於生死苦海，沒有得救的機會。我們不斷作這樣的觀修，才能發起廣大的菩提心。

所以，下士道和中士道的觀修，不僅是捨凡夫心的良藥，也是發菩提心的動力。大乘經教中說到，有些人可以直接從出離心入道，有些人可以直接從菩提心入道。無論是修學解脫道還是菩薩道，宗大師在《道次第》中的建構，都具有深遠的指導意義，有助於我們在修行中健康、圓滿地成就。

成佛就是菩提心的圓滿成就。整個《道次第》的修學可分為三大要領，即出離心、菩提心、空性見，又稱「三主要道」。其中，出離心是引發菩提心的基礎，而菩提心則是根本，是總持，是統攝一切的核心。如果以一種修行統攝三主要道的話，那就是菩提心，唯有它可以統攝出離心和空性見。

以大乘佛教的觀點來看，菩提心才是成佛的不共因。大乘的修學核心，歸根到底就是兩點，一是菩提心，二是空性見。如果以最簡明的方式來概括大乘佛法，無非是這兩大內容。所以，一切修學都應圍繞這兩點展開，而最終成就的也無出其右。

在佛陀所具備的品質中，最主要的就是悲和智，也就是究竟圓滿的慈悲和智慧。這兩種品質，正是依菩提心和空性見而成就。

依菩提心，成就佛菩薩的大慈大悲，否則便難以圓滿。阿羅漢雖然追求個人解脫，但並非不具悲心，乃至我們每個人，也都有或多或少的悲憫之心，但這些都不是佛陀所成就的大慈大悲。如何將一念悲憫之心轉換並提升到大慈大悲的境界？唯有依靠菩提心的推動。所以，上士道的整個修行，都是圍繞菩提心而發起並成就的。

3・空性見

此外，空性見也非常重要。通過相應的引導，每個人都能發起菩提心。或者說，我們都知道怎樣在心行上去調整並接近菩提心。但我們所發起的，只是世俗菩提心，它是建立在凡夫心的基礎上。既然是建立在凡夫心的基礎上，這樣的菩提心必然是有限的，是不純淨的。

從世俗菩提心上升到勝義菩提心，需要有個超越的過程。即從有限到無限的超越，從相對到絕對的超越，從凡到聖的超越。突破這些局限，就是突破凡夫心的局限。如是，方能契入空性，引發勝義菩提心。這個過程需要空性見的指導，佛法所說的無我、無常、空，都是在幫助我們突破這一局限。

很多人都會說：我很客觀。事實上，僅以個體經驗為參照，幾乎無法做到百分之百的客觀。我們想到有，即落入有的狀態；想到空，即落入了空的狀態，總之會落入一種「相」。我們所有的想法，都會落入意識的建構中。就像地球人無法擺脫地球引力那樣，除非有大於地球引力的力量推動，才能使我們一躍而出，直達雲霄。如果沒有空性見，沒有特殊的善巧方便，我們很難走出凡夫心的軌跡，也無法超越自身的思惟。

空性見的作用正在於此，它可以幫助我們認清凡夫心的真相，幫助我們檢驗自身的修行。否則，我們有了一些似是而非的境界後，往往會沾沾自喜，自以為擺脫了凡夫心的作用，乃至證得了涅槃和空性。殊不知，這仍是在凡夫心構建的假想中，被其千變萬化的偽裝所蒙蔽。

古今中外，很多哲學和宗教都在探討宇宙人生的真相，也自以為掌握了終極真理。事實上，他們只是將凡夫心建構的自我（當然這個自我非常微細）或者相似的境界，當作是法的真實。也就是說，他們都未能超越凡夫心建構的我執和法執。原因何在？在於他們不了解空性究竟是怎麼回事。唯有佛陀在悟到宇宙人生的真相後，以緣起的智慧為我們指出空性見，幫助我們剖析凡夫心的真相，解構凡夫心變現的虛妄世界。一旦認清它們的本來面目，我們才有可能從中擺脫出來。

在佛法中，各宗各派都建立有相應的正見。眾生根機不同，有些人適合從唯識見契入，有些人適合從中觀見契入，有些人適合從大圓滿的見地契入。不同的見，都可以幫助我們捨棄凡夫心，然後由契入空性，證得中道實相。包括《阿含經》所說的無常見、無我見，同樣可以達到契入空性、成就解脫的效果。

我們現在學習《道次第》，主要是依應成派建立的中觀見，以《般若經》為最高、最圓滿的經典，並以龍樹、提婆、月稱的中觀論典為依據。格魯派的思想主要是源自深觀和廣行兩大體系。不過，宗大師雖然繼承了以彌勒菩薩為代表的廣行派思想，卻認為這一思想是對《般若經》的隱義進行闡述，因而也是般若思想的組成部分，只是在見上未能究竟了義。對於修學佛法來說，般若見確實非常重要。在藏地，信眾歷來就有供奉《般若經》的習俗，將之作為一切法的代表。而在漢地，對《般若經》也無比推崇，除三論宗以《般若經》為最高依據典籍之外，天台和禪宗也極為重視般若見在修行上的指導作用。從漢、藏大德們對《般若經》的推崇，都說明了此經在修學佛法中的重要地位。

三、建構：道前基礎及三士道

《道次第》的內容主要由道前基礎和三士道組成。

1・道前基礎

我們學習《道次第》，不僅要知道最終目標是什麼，也有必要了解修學要領和入道基礎。其中，入道基礎是多數人在修學中的薄弱環節。尤其在現代學院教育中，我們對法、對法師、對聞法都缺乏應有的恭敬。而缺乏恭敬的直接弊端就在於，我們很容易將社會上的一套習慣帶入佛法修學中。正因為我們沒有很扎實的前行，儘管也聽了很多法，卻不能落實到心行中，不能有所受益。

《道次第》關於「道前基礎」的部分中，有三點是我們必須引起關注並加以實踐的。

首先要遵循如法的聽聞規則。聽者應深刻認識到聞法的重要，於法及法師生起恭敬心，並在聞法過程中遠離三種過、具足六種想。作為說法者，要思惟說法的勝利，以無染心而說法，於大師及法生起恭敬承事，說法時應住五種想，說法過程應如律如儀，講說完畢之後則應以淨願迴向。如法地遵循聽聞規則，不僅對個人修學大有裨益，對正法久住也具有重大意義。

其次是依止法。帕邦喀大師為《道次第》所作的科判中，將依止法名為「入道根本」，可見依止法的重要性。遺憾的是，不少人對此並未引起重視，這也是不少學佛者修學難有長進的主要原因之一。

佛法從恭敬中得，有一分恭敬，得一分受益。在極度的恭敬中，我們的心是清淨的，那樣的心才能和法相應。反之，即使得到佛法的甘露，卻沒有清潔的法器去盛載，依然會被凡夫心染汙。所以，藏傳佛教將依止法作為重要的修學內容，確實蘊涵著特殊的意義。《道次第》所說的視師如佛、觀德莫觀失等，也確有其深意。現代人學佛，缺少的正是這份恭敬心和信心。依止法為入道根本，一切修行能否成就，關鍵就取決於此。

如果沒有依止法，我們往往會自以為是。每個人都是帶著自己的想法來學佛，因而，在學習過程中經常會跟著感覺走。有些同學對《道次第》不太以為然，不肯按部就班地學習，只選擇自己有興趣的經論研讀，結果就出問題了。畢竟你們學習的時間還短，憑感覺難免會走彎路。儘管人生走點彎路也正常，但要付出時間的代價，而一生的時間如此寶貴，容不得我們輕易浪費。

第三是認識到暇滿人身的重要性。這種重要性體現在暇滿、義大、難得三個方面。暇滿，是遠離八無暇、獲得十圓滿的有暇人身。在六道眾生中，這是最有利於修學佛法的身分。義大，是說這一身分能幫助我們成就無上菩提、利益一切眾生的願望，具有極大價值。可以這麼說，成佛的價值有多大，這一身分蘊涵的價值就有多大。難得，是指在有情界中，種暇滿之因和已得暇滿果報的有情非常稀有。認識到暇滿人身的巨大價值和難能可貴，目的是幫助我們重新確立人生價值，並為實現人生的究竟價值而努力。整個佛法修學都是為我們實現人生究竟價值服務的，而《菩提道次第論》則為我們提供了一個簡明而又實用的修學套路。

2・三士道

《道次第》的殊勝，在於它對修學佛法的整個過程進行了合理建構。佛法是如此博大精深，如果沒有綱領可以依循，很難在短時期內掌握其核心內容。

具備入道基礎後，將正式進入《道次第》的修學，內容是下士道、中士道、上士道。宗大師關於三士道的建構非常合理，以下士道、中士道為上士道的基礎，以菩提心為統攝，為我們提供了一個由淺入深、從學佛到成佛的修學步驟，能幫助我們正確認識聲聞乘和大乘教法的關係，對於引導行者趨向無上菩提具有重要意義。

以往，大乘經典只講菩薩道的修行，聲聞經典只講解脫道的修行。如果我們想修習解脫道，就應按聲聞經典修學；如果想修習菩薩道，則應按照大乘經典修學。兩者未能有機結合起來，還多少存在一些相互排斥的現象。在大乘經典中，對小乘多數持貶低態度，認為它不究竟，或對聲聞的發心進行呵斥。當然也有部分經典帶有融攝的性質，如唯識系的經典就較為圓融。而在聲聞乘行者中，部分人乾脆就不承認大乘。「大乘非佛說」並不是今天才提出的，在印度早就出現這樣的質疑。為了澄清這個問題，早期的唯識論典作了很多說明：一是證明大乘為佛說，且比小乘更殊勝。彌勒菩薩的《大乘莊嚴經論》、《辯中邊論》，無著菩薩的《攝大乘論》，都在這方面做了大量工作。近年來，隨著《阿含》研究的興起，一些學者以現代學術研究的方式考證佛法，認為大乘是後來發展起來的。這種觀點在歐美、日本和台灣比較盛行，使「大乘非佛說」這一古老話題再度浮出水面，成為教界和學界關注的焦點。我們需要足夠的智慧，才能正確看待大乘和小乘。否則的話，接受了《阿含》教法，結果誹謗大乘，由此造下深重口業。所學的那一點點，還不夠償還謗法之罪，豈不是太可惜了？而學大乘的人，如果忽略解脫道的基礎，盲目批判小乘，一樣也是學不好的。

在三士道的建構中，以菩提心統攝整個成佛之道，從人天乘進而解脫道，並最終抵達菩薩道，這個統攝非常合理。佛法畢竟是要面向並度化一切眾生。一個殊勝的法門，應該任何人都可以契入。不論在哪個時代，上根利智畢竟只是極少數。而《菩提道次第論》所建構的這條修行之路，對於任何根機的人都適用，所謂三根普被，利鈍全收。下根者固然可以受用，上根者也同樣對機。通常，智力高的人往往會缺乏耐心，不夠勤奮。即使能在善知識指點下當下悟道，也要通過不斷修道來克服凡夫心。這就需要共下士道和共中士道的磨礪，不斷地念死、念惡趣苦。如果沒有這種長期的觀修，即使發起菩提心，也難以恆久保持，甚至到最後會被凡夫心取而代之。

有些根機較好的人，往往自恃無恐，感覺對生死也無所謂，但最後卻被這無所謂害了。所以，利根人同樣需要經歷三士道的歷練。而對於鈍根者，則可從下士道開始入道修行，不會因起點太高而無法契入。下士道圓滿了，就能得到暇滿人身。有了這一保障之後，可以再接再厲，繼續修習中士道、上士道，最終成就佛道。

另外，對上根利智的人來說，三士道還提供了檢測標準。有些人覺得自己見性了，覺得自己就是菩薩了，到底是不是這麼回事呢？《道次第》告訴我們：下士道的心行標準是什麼，中士道的心行標準是什麼，上士道的心行標準是什麼。如果下士道的心行還未達到，卻自以為是上士的根機，根本就不需要從基礎修起，那不是痴人說夢嗎？

《道次第》的引導，將解脫道和菩薩道的關係處理得非常圓滿。下士道又稱共下士道，中士道又稱共中士道。無論是什麼根機的學人，都能從中找到成佛修行的契入點。在學習過程中，我深切體會到這一建構非常殊勝。具備這個框架後，無論今後學習解脫道還是菩薩道，都能很好地處理並銜接彼此的關係，而不會片面。所以，任何法門的學修都可以將《道次第》作為基礎。

《道次第》實修理路

——二〇〇四年春講於戒幢佛學研究所

《道次第》是一部實修性很強的論著，不僅為我們建構了完整的理論體系，更以簡明的修學套路，將理論一一落實於實修。

本論在「略示修法」部分，以依止法為例，為我們示範了修習任何法門必須具備的四個步驟，即加行、正行、結行與未修中間。《道次第》的實修理路，便是圍繞著這一綱領展開。

一、加行——修法的共同基礎

加行，也稱為前行，即正式修法前應做的準備。在佛法修證體系中，不論大小乘皆有資糧位、加行位的進程。具備扎實的加行基礎，正修時就比較容易上路。

藏傳佛教各宗派的修行，有著大致相通的前行。在《道次第》中，關於加行的內容主要是六點，稱為六加行。

1．灑掃住處

修行應在如法壇場進行，灑掃整潔並營造莊嚴氛圍，如此才易於安住身口意所依。因為凡夫的特點就是放逸，如法的環境可令人油然而生恭敬之心，並使內心清淨安詳。而在嘈雜的環境中，各種妄想紛至沓來，沒有相應的定力，很容易放逸散亂。

同時，灑掃也是用心方式之一。修依止法，可以掃除對師長的不恭敬；修念死無常，可以掃除我們對生的貪著。這種用心方法，《華嚴經．淨行品》中有許多開示，如「洗滌形穢，當願眾生，清淨調柔，畢竟無垢」等。所以，灑掃不僅是掃除外在塵垢，更應蕩滌內心汙濁，保有清淨無染之心，從而契入法性。

修行，無非是善用其心，而用心又是從發心開始。我們做任何一件事，不必過分關注結果，關鍵是要善用其心，在發心過程中調整心行。

2．陳設供養

供養也是很好的修行方式。在漢傳佛教地區，因受禪宗影響，不太注重陳設供養之類的外在形式。事實上，禮佛、供佛不僅僅是形式，也具有非常重要的修行意義。

學佛，首先是皈依三寶，以十方三世一切諸佛作為依賴對象。如果我們時刻想著衣食，心就會和衣食相應；時刻憶念佛菩薩的慈悲智慧，心就會和佛菩薩相應。所以，皈依、憶念三寶功德的過程，就是見賢思齊的過程，使自身和三寶相應，成就三寶的功德。

作為學佛者，必須保持對三寶的神聖感。恭敬供養，能使我們的心更謙恭、更柔和，從而與法相應。有一分恭敬，才能得一分佛法受益。對三寶的恭敬，須通過一些外在形式來體現，如拜佛、供佛、陳設供品，包括工作取得的成就，都可奉獻於三寶。如此，就能在恭敬中獲得無量福德。

必須注意的是，應以清淨無諂之心而行供養。一是供品來源必須清淨，非不法手段得來；一是直心供養，不作顛倒、諂誑之想。直心和清淨心，本身就接近於心的本然狀態，而顛倒、諂誑則是心的扭曲狀態，是典型的凡夫心。修行，正是要恢復心的本來狀態。供養時，對佛菩薩應真誠坦蕩，而不是帶著貪婪之心祈求。當然，我們可以為利益眾生而希求三寶加被。

修行人應養成拜佛、供佛的習慣，看到佛像即禮拜供養。這種習慣能幫助我們進一步加深皈依，使佛菩薩在心中產生更大的力量。不斷加強這種力量，最終就能喚醒生命內在本具的三寶品質。

3・身具威儀，以殊勝發心而修皈依

修法之前，必須具備兩點認識。

其一，應憶念三寶功德。我們所以要皈依三寶，正是基於其殊勝的功德。佛菩薩不僅調伏了自身煩惱，更以無量慈悲和善巧方便度化眾生。對三寶功德的景仰，還可使我們自身得到淨化。《阿含經》中有六念法，即念佛、念法、念僧、念戒、念死、念天。念，不只是簡單地念誦，而應以虔誠心真切地、如母憶子般時時憶念。恆常保持這種憶念，既是將佛陀作為學習楷模，還能幫助我們將自身融入三寶功德之中，實為修行捷徑。

其二，對佛陀和佛像保有恭敬之心。凡見到佛像及有關法寶，皆視為聖物而發自內心地恭敬。有些人因接受了「空」、「無相」等觀念，以為不重視外在形式就是不著相，這其實是極大的誤解。要知道，對法寶、聖物生起不共的信心，本身就是修行的一部分。我們不妨反省一下：對經書法寶，對聽聞之法，是否保有足夠的恭敬？是否僅僅將其作為學術著作進行研究？甚至當作普通書籍隨意翻閱？

認識到恭敬的意義，便不會隨意將「空」、「無相」作為藉口。如果我們連佛菩薩的功德都認識

不到，是沒有資格談「無相」的。佛陀是福智二足尊，既具福德資糧，又具智慧資糧。如果否定佛菩薩的功德，甚至認為這些都不存在，便會落入斷見。即使在空性的層面，修行也並非空無所有。佛菩薩在因地行種種難行苦行，方能成就果位上的無量福德。在學修過程中，人們往往會把握不當，或落入斷見，或落入常見，這都是應當特別警惕的。所以說，我們既要以佛菩薩功德作為觀想的皈依境，也不能因此著相。

認識三寶功德，是為了幫助我們生起真切的皈依之心。很多人以為，皈依僅僅是學佛的開始。事實上，三寶便代表了佛法的整體。阿底峽尊者在藏地期間，無論走到哪裡都為人講說皈依，言不知皈依之外還有什麼其他佛法，因而被稱為「皈依喇嘛」。由此可見，皈依三寶貫穿了學佛到成佛的整個過程。從皈依住持三寶開始，到最終成就內在的自性三寶。

這一過程可通過兩種方式完成：一是從出離心、菩提心、六度四攝等方式漸次修行。修學任何一個法門，都要發心為六道一切眾生成就佛道而修，這是我們必須具備的心行。作如是發心，任何一種修行皆能成就無量功德。我們的能力有限，所做的事情也有限，但我們的心卻可以無限。菩提心正是以無限的心行為基礎，因而，佛菩薩的慈悲是無限的，所證得的空性是無限的。如果我們始終停留在有限的心行上，永遠無法通達無限。

一是直接以佛菩薩功德作為臨摹對象。我最近所講的《普賢行願品的觀修原理》，核心便是如何臨摹佛菩薩功德，以此迅速成就菩提。這是我在修學過程中發現的最高、最直接的修法，且具有極強的可行性。通過這一步驟著手修行，成就佛道不再遙不可及。

4・觀想資糧田

資糧田的具體觀修，可觀想十方諸佛菩薩，深觀、廣行二派祖師及造論的宗喀巴大師。禪宗叢林有「不立佛殿，唯立法堂」之風，簡約之極。而在藏地寺院中，不僅供奉著諸多佛菩薩造像，還供有歷代祖師造像。從觀修意義而言，這是很有必要的。藉助具體的佛像，可使觀修達到更直觀的效果。如上師傳承圖，就為觀想資糧田提供了入手處。當觀想更為清晰之後，進而將這一觀想擴展至盡虛空、遍法界。最後，不僅觀想十方虛空充滿諸佛菩薩，更能將所有一切觀想為佛菩薩功德的化現。正如《普賢行願品》所言：「所有盡法界、虛空界，十方三世一切佛剎極微塵中，一一各有一切世界極微塵數佛。一一佛所，種種菩薩海會圍繞。我以普賢行願力故，起深信解，現前知見。」這一觀修的意義，是極為殊勝的。

5・集資淨障

正修之前，必須懺除罪業，積集福報。

佛陀乃福智兩足尊，成佛，即成就佛菩薩所具有的福德和智慧。但這些福德無量無邊，我們怎樣才能在短時間內成就？若以有限之心去做，終其一生乃至生生世世，只怕也無法成滿。從另一個角度來說，我們的罪業又如此深重。正如《地藏經》所言：「南閻浮提眾生，舉止動念，無不是罪，無不是業。」亦如《普賢行願品》所云：「若此惡業有體相者，盡虛空界不能容受。」我們無始以來所造罪業已如此之多，更令人驚心的是，我們還在不斷造作，所謂舊債未了又添新債。如何才能盡快將無量罪業一併消除，不復再造？最好的方法，便是根據《普賢行願品》的七支行願進行觀修，以此集資、懺罪。藏傳佛教也非常重視「普賢七支供」的修習。據說藏文的《普賢行願品》沒有長行部分，從觀修意義而言，長行本身就是極為殊勝的觀修儀軌，比偈頌更容易操作。不過，這一教法需要深厚的教理基礎才能運用於實修中。

如何觀想盡虛空、遍法界所有微塵數的諸佛？如何將山河大地皆觀想成無量無邊的供具？如有中觀和唯識學的理論基礎，觀想起來便會容易得多。中觀認為，一切皆是無自性空，皆無特質可言。既無特質，就可隨觀想變化為無量。而唯識認為，一切皆唯心所造，皆是內心影象。觀想者賦予它什麼內涵，它就具有什麼內涵。具備中觀和唯識的教理基礎，對於理解《普賢行願品》的觀修並付諸實踐會很有幫助。但對於大部分信眾來說，接受《普賢行願品》這一建構於極高見地的觀修方法，的確有相當難度。

藏傳佛教的加行中有供曼扎，也是非常殊勝的觀修法門。將曼扎觀想為以須彌山為中心的四大部洲，並於其上安放相應的供養物，然後觀想它們充滿整個宇宙。同樣的道理，我們也可在世界地圖上供奉香、花、燈、燭等，觀想世界各地遍布供品。然後進一步擴大，觀想三千大千世界乃至無量虛空皆充滿供品……作如是觀想時，我們的心就打開了。實物供養，再多也是有限，故應賦予如法觀修使之增長。有限之物乘以無量之心，即可成就無限功德。基於這一原理，當我們拜佛時，亦應觀想同時在拜十方三世一切諸佛。若能以無限之心禮拜、供養，即可成就無量福德。更重要的是，「我」和「我所」也因此失去了落腳點。

6・三事求加

集資淨障已，於皈依境前請求加持：一願滅除不敬善知識等一切顛倒心，二願對善知識速疾生起清淨心，三願摧滅一切內外障難。

每個法門的修行，皆有所緣境界。如念死，死亡便是所緣境；念惡道苦，惡道苦便是所緣境；念死無常，死無常便是所緣境；修依止法，念上師功德便是所緣境。因為正行中的所緣不同，在祈求加持時，內容也要相應的調整。

以上明加行。

二、正行——止觀實踐

「略示修法」中關於正行的內容，主要是講述止觀。從《道次第》的整體來看，正行應當是三士道。為什麼「略示修法」將重點放在止觀呢？原因在於，止觀是三士道修學的著力點。任何法門的修習，都要落實於止觀才能產生作用，故止觀是修法的核心內容。

1・止觀的修習意義

止和觀，乃修行落實處。未修止觀者，往往視其為深奧玄妙之境。據傳，舊時西康地區即有「寧背石頭，不學止觀」之說。事實上，止觀無非是對心行的訓練。止，是安住於正念、正行中；觀，則為調整心行，照破妄執的影象。止觀所要做的，就是幫助我們將心從顛倒妄想中脫離出來，安住並熟悉正念。

我們的世界由心和境構成，環境有種種不同，心念亦有種種差別。在心靈舞台上，既有貪、嗔、痴等負面力量，亦有慈心、悲心等正面力量，凡夫念念皆隨所緣境而轉，變幻不定。貪有貪心的所緣境，嗔有嗔心的所緣境，慢則有慢心的所緣境……任何心行皆有各自的對象，即唯識學所說的見分和相分。對於這些境界，我們又會進行虛妄分別，賦予自我的情緒和觀念。由凡夫心呈現的世界，便是一堆紛擾交錯的影象，及由此而來的顛倒妄想。

如何才能規範這顆動盪不安的心？唯有通過止觀的修行。

2．何為止觀

止，即止心一處。《略論》云：「所謂修道者，即於善所緣，如欲而能令心安住之謂也。」止觀的修習，需要選擇一個善的所緣，然後安住其心。止為安住修，訓練心安住境界的持久性。《瑜伽師地論》、《大毗婆沙論》講到「九住心」，代表著心從散亂到安住、持續、穩定的過程。止與觀不同，無分別一心為止，是說止為安住修，毋須對所緣對象進行分別、判斷，安住即可。

止的用心方式除有所緣（即有所止）的用心方法外，還有無所止的用心方法。無所止，即沒有所緣對象，直接體悟心的本質，要求心不造作地安住。藏傳佛教大手印、大圓滿及漢地禪宗的修行，都屬於這類用心。

觀也包含兩個層面：一為比量，一為現量。

比量即正思惟，建立在聽聞經教的基礎上。格魯的教法特別重視聞思，因為聞思不僅是修的基礎，本身也是修的一部分。《道次第》所說的觀察修，正是通過如理思惟來轉換觀念、調整心行。《道次第》中，宗大師特別強調觀察修的重要性，批駁了唯有無分別安住才是修行的觀點，明確指出：如理分別的觀察修也是修行。當然，觀察修與單純的理論思惟有所不同。觀察修是選擇一善所緣境，在經教指導下，於此所緣境如理思惟、觀察，以此完成觀念及心行的調整。《道次第》中，依止法、念死無常、念三惡道苦、思惟暇滿人身的重大意義及菩提心的生起，皆以觀察修為主。通過觀察修，將心調整到正確的觀念及心行上，並安住於此。

止和觀是相輔相成的。在修習止觀的過程中，安住於善所緣境離不開止，否則便無法進行如理思惟。但初修的凡夫很難長時間安住於正念中，往往妄念紛飛，一不留神就陷入凡夫的顛倒心行中。所以，必須通過觀察修不斷調整心行，逐漸擺脫乃至徹底降伏顛倒妄念，方能無造作地安住於正念並熟悉這一心行，最終任運自在。

比量和現量，即分別與無分別，前者為後者的基礎。不少人對此有誤解，認為修行便是無分別。但若一開始就無分別，如何獲得正見？而沒有正見為指導，則易走入盲修瞎練的誤區。所以，有分別的觀察修是現量（無分別）證得空性的基礎。經典中，有時批判分別的過患，提倡無分別的殊勝，這是針對凡夫的虛妄分別所說。其實，如理分別在修學佛法中也是不可缺少的。沒有證得無分別的空性前，必須依比量層面的觀察修獲得正見、正念，這是契入空性的關鍵。

無分別智證得的空性，當然高於凡夫的比量分別。通常，凡夫的分別是建立在妄識的基礎上，而無分別智則是聖者契入空性的智慧。很多人未能釐清分別和無分別、現量和比量之間的關係，或開始即提倡無分別，認為分別乃無分別之障；或始終在文字中打轉，糾纏於虛妄分別之中。我們要知道，若不經過聞思經教、如理分別的階段，無分別智便是空中樓閣。比量與現量，代表了修行兩個不同層面的用心。因為根本智是超越分別的，故經論談及究竟真理時，謂之「言語道斷，心行處滅」，「言忘慮絕，不可思議」。

作為正行部分的主要內容，止觀修習貫穿了整個《道次第》。我在《漢傳佛教的反思》中，提出修學佛法的五大要素，其中就談到如何將聞思正見落實於止觀。這不僅關係到我們能否契入空性，也關係到所學教理能否於心行產生作用。唯有依靠止和觀的力量，教理才能真正成為調整、淨化心行的方法。

3．注意事項

對於正行部分的內容，《道次第》還提出一些注意事項：首先是確定修習內容，其次是明確修習過程中的應修之量。《道次第》認為，初學打坐每次時間不宜過長，關鍵是保證品質，但應每天多修幾座，如胃病患者宜少食多餐那樣。通常都以為，打坐數小時不動就很有修行，夜不倒單更是了不起的成就。但我們卻很少關心，這幾個鐘頭坐在那裡是為了什麼？很多人雖然用功，但修到最後非但未得法喜，反而養成很多不良習慣。

所以，剛開始修行的人，必須通過作意才能進入特定的所緣境。除非將此法門修習純熟，無須用功亦可任運自如。作意，即通常所說的注意力，初時很難長時間高度集中。所以，每座時間不必長，但次數要多。在保證品質的同時，保持觀修的長期性。最重要的是，不應為打坐而打坐，否則，養成昏沉、掉舉等不良習慣，徒耗時光。關鍵要考慮如何用心，如何安住於所緣境。

在修行中，應時時正念分明。我們有種種不良心行，及對種種所緣境界進行的錯誤判斷。修習止觀，就是從內心訓練正念，使心不至失足於情緒和妄想的陷阱中。同時，對特定的善所緣境作智慧觀照，而不是想入非非。心能否安住於善所緣，正是止觀修習的關鍵所在。

三、結行與未修中間

正行之後，還必須注意結行與未修中間。

1・結行

結行，即修完每一座法之後的迴向。通常，我們念的是「願以此功德，普及於一切，我等與眾生，皆共成佛道」。此外，《普賢行願品》十大願王最後的「普皆迴向」也非常好：「從初禮拜乃至隨順所有功德，皆悉迴向盡法界虛空界一切眾生。願令眾生，常得安樂，無諸病苦。欲行惡法，皆悉不成。所修善業，皆速成就。關閉一切諸惡趣門，開示人天涅槃正路。若諸眾生，因其積集諸惡業故，所感一切極重苦果，我皆代受，令彼眾生，悉得解脫，究竟成就無上菩提。菩薩如是所修迴向，虛空界盡，眾生界盡，眾生業盡，眾生煩惱盡，我此迴向，無有窮盡。念念相續，無有間斷，身語意業，無有疲厭。」

總之，迴向應建立於廣大發心的基礎上。當我們從菩提心出發進行迴向，修行便能成就無限功德。心處於無限時，一切都是無限；心落於有限中，一切則是有限。

2．未修中間

在座下時，我們又應當如何用心、如何保任？凡夫心念如流水一般，連綿不絕。我們的每個念頭和妄想，都不是無緣無故而來，而是源於日常的積累。若希望禪修進展順利，座下功夫也很重要。擁有健康、如法的生活，座上才有較為安定的心，修行也才能相應。若平日拚命攀緣、執著，想上座就平靜下來，只怕是樹欲靜而風不止。我們最執著的，一定是座上出現最頻繁的妄想。如果擁有平常心，於一切淡然面對，座上自然容易入靜。心念是綿延往返、洄流不止的。所以，我們既要重視座上的觀修，更要注意座下的如法生活。

生活中，我們應注意以下四點：

首先是守護根門。根塵相對時，往往會喜順厭逆。對凡夫來說，總是對順境生貪著之心，對逆境生嗔恨之心。此時應以正念和智慧觀照，不使心黏著於順、逆之境。雖知境界順逆，但了知一切如幻，不隨其動。應該特別注意的是，修行不是對外境沒有感覺，否則即與木石無異，並非修行正道。我們應保持心的覺知，保持對境界的正知。同時，了知一切皆如夢幻泡影，不起絲毫貪嗔。

其次是正知而行。從基礎層面的修行來說，就是按戒律規範行事，此應作，此不應作。但從更高層面的觀修來說，能對各種境界保持覺知即可，無須再對此進行判斷，既不執取，亦不生厭，這是回歸生命本原的直接手段，一旦擁有這種力量，就不會被境界干擾。歸根結柢，禪修是要培養不受境界和念頭左右的能力。

第三是飲食知量。用餐時應避免吃得過多或過少，避免貪著，並心存五觀。同時還要有利他心，為更好利益眾生而吃，也為身上八萬四千蟲而吃，若不進食，牠們也會感到飢餓。

最後是勤修悎寤瑜伽。《佛遺教經》云：「初夜後夜，亦勿有廢。」即初夜、後夜要專心修行，中夜可以稍微睡一下，但不能睡得太深，並以吉祥臥的姿勢入睡，否則容易放逸。養成良好的習慣，於睡眠時也能用心。白天如何用心，也應帶著這種用心方式進入睡眠。若能做到這一點，即使在睡眠中，也是不會空過的。

如果做到這幾點，無論是在座上座下，都能貫穿著如法的修行生活。

《道次第》「略示修法」的部分，主要針對依止法而言。事實上，念死、念惡道苦、菩提心等很多觀修內容，皆可按加行、正行、結行、未修中間的步驟進行修習。除更換正行部分外，加行、結行和未修中間大致相同。乃至我們學習唯識、中觀等法門，也可根據這一流程落實於止觀實踐。

《道次第》中的菩提心

——二〇〇四年夏講於戒幢佛學研究所

《道次第》的主要思想為出離心、菩提心、空性見，亦稱三主要道，其中又以菩提心為統攝。本論名《菩提道次第論》，即已標明全論主旨。

《道次第》建構的修學體系，重點為上士道。從這個意義上說，道前基礎、下士道、中士道皆可視為上士道的前行。根據這一點，我對全論內容作了梳理，發現幾乎所有法門的修學都貫穿著菩提心。所以，學習《道次第》，須圍繞菩提心展開。

一、菩提心與三士道的關係

《道次第》的基本結構為三士道。下、中、上三士道的劃分，相當於漢傳佛教所說的人天乘、聲聞乘、菩薩乘。

在我們以往的修學中，聲聞乘便是聲聞乘，菩薩道便是菩薩道，彼此並沒有密切關係。依聲聞乘修行的人，未必會走上菩薩道；依菩薩道修行的人，則有可能貶低聲聞乘。而《道次第》的殊勝在於，以菩提心統攝三士道的修學。如果我們以菩提心修習人天乘和解脫道，它們也將成為菩薩道的組成部分。如是，既明確了修行次第，又不致相互牴觸。

在三士道的建構中，彼此關係如何？修習菩薩道之前，為何必須修習下士道、中士道的意樂？為何要念惡道之苦、念死亡無常？原因在於，若是認識不到輪迴之苦，便會貪著於現世安樂，得快樂時且快樂。所以，行者必須看透這些使人沉迷的假相，直面輪迴本質。只有對惡道痛苦和死亡無常確信無疑，才能生起迫切的出離心，進而引發真實無偽的菩提心。可見，下士道、中士道的意樂，是引發菩提心不可或缺的方便。

具備下士道、中士道的基礎後，便可直入上士道並正修菩提心。菩提心既是成佛的不共因，也是大乘的不共教法。關於菩提心的發起和成就，《道次第》從辨明發心為入大乘之門、此心如何發起、發心後學行之法等三個方面作了闡述。其中，關於菩提心的生起，又從依何因始能生起、此心發起之量、以何規則受法等分別說明。不僅為修學者提供了詳盡的理論指導，更指明了切實可行的實踐道路。

作為三主要道之一，空性見是上士道修學的重點。那麼，空性見和菩提心之間有何關係呢？菩提心，有世俗菩提心和勝義菩提心之分，空性見正是將世俗菩提心昇華為勝義菩提心的關鍵。成就勝義菩提心之後，仍須依空性見不斷消融二執、二障，進而圓成無上佛果。

在《道次第》中，宗大師圍繞菩提心建構了從學佛到成佛的修學體系。其中，以下士道、中士道為引發菩提心之前行，以上士道為正修菩提心之重點，以空性見為圓滿菩提心的增上緣。這樣便使三乘教法有機結合於一起，成為互相融攝的整體。

二、菩提心與修法

《道次第》略釋修法的部分，建構了清晰的修行次第，包括加行、正行、結行及未修中間。這一修行套路可適用於任何法門，極為善巧。

在正修之前，首先以「加行」營造莊嚴氛圍並調整心行。《道次第》中，宗大師總結為六加行法，包括灑掃住房、陳設佛像、尋求供品、端嚴陳設等。其中，重點又在於發心，須從殊勝的因緣中修皈依及發心。

如果將修行比做遠行，那麼發心便是方向。我們朝著怎樣的方向前進，最終便會抵達怎樣的目標。事實上，不僅修行如此，平日的任何一種行為，都蘊涵著相應的心行基礎。通常，我們為凡夫心左右，所思所想，無非是貪、嗔、痴煩惱。久而久之，使凡夫心愈加堅固，成為禁錮我們的堡壘。正確的發心，正是一切修行的方向和根本保障。否則，失之毫釐而差之千里，最終與佛道了不相干。

對於學佛者而言，什麼是最佳心態？那就是菩提心。無論修習什麼法門，都應發心為利益一切眾生成就佛道而學。事實上，培養並堅定這種發心，甚至比修習具體的法門更重要。普賢十大願王中，以「禮敬諸佛」為首，足見禮佛意義之重大。但是，若只為尋求佛菩薩護佑，乃至將其作為健身方式，又能從禮佛中得到多少受用呢？所以說，離開菩提心，無論是誦經、念咒，還是禮佛、禪修，意義並不是很大。

大乘佛教各宗派的修行，皆離不開菩提心的統攝。正如《華嚴經》所云：「忘失菩提心，修諸善根，是為魔業。」這一點，也是宗大師在《道次第》中一再強調的根本要旨：「是故須將菩提心之教授，執為中心而修焉。」

三、菩提心與暇滿人身的重大意義

修學佛法，首先要認識到暇滿人身的重大意義。

《道次第》云：「然修大乘道者，必須得一如上所說暇滿之身，如《與弟子書》云：欲成佛道度眾生，具大心力唯人能，天龍、修羅、金翅、蟒，神仙、餘趣皆不及。」藏地很多大德在開示中，也都是以思惟人身難得作為說法前的基礎開示。

《道次第》將暇滿人身的意義概括為三點，即暇滿、義大、難得。所謂暇滿，即具足八有暇、十圓滿之身。不少人日日為生計奔忙，以致將人身視為負擔。也有人終其一生不聞佛法，雖勤勉有加，卻只成就暫時的世間利益。

即使有幸擁有暇滿人身，也極少有人能有效利用。對於多數人而言，或許從未想到，這一暇滿人身，已是今生最大的福報。流轉六道，生而為人便已機會渺茫；擁有堪能修學佛法的暇滿人身，更是萬般不易。正是因為擁有這一身分，我們才能走上學佛之路，乃至最終成就佛道，其意義不可估量。所以說，成佛有多大價值，暇滿人身便蘊涵著多大價值。

若為個人解脫而發出離心，只能實現人生價值的部分。若為人天小果而持戒修善，所實現的人生價值亦微不足道。若為追名逐利而造作罪業，更是得不償失的愚痴行為。

每個人內在都蘊涵著與佛菩薩無二無別的高貴品質，而菩提心正是開發這一無價珍寶的最佳利器。發菩提心，成等正覺，引領無量有情圓成生命的最高價值，才無愧於我們獲得的暇滿人身。否則，將如《略論》所說：「若既得此具有大義之身，而不晝夜於彼現未二世善因努力者，則如既至寶洲空手而返，豈不哀哉！」

四、菩提心與皈依三寶

學佛，首先應皈依三寶。皈依不僅意味著獲得佛教徒身分，本身也是重要的修行方式。為何選擇三寶為皈依對象？這也與菩提心有關，因為它正是三寶的核心體現。

我們皈依佛陀，在於他具有圓滿的慈悲和智慧。若佛陀僅僅圓滿了自身功德，卻對眾生缺乏平等悲心，再或者，雖具悲心而無調伏眾生的能力，顯然不能作為一切有情的依怙。而佛陀不僅證得無上菩提，更將一切眾生視為己出，平等關愛。這一品質，也是來自於菩提心的圓滿成就。

《道次第》中，皈依也建立在菩提心的基礎上，這是《道次第》的特色所在。通常，我們是依聲聞律儀而皈依：「盡形壽皈依佛，盡形壽皈依法，盡形壽皈依僧。」所謂盡形壽，即盡此一生，以一期生命作為皈依期限，有特定的時間性。而《道次第》則依大乘菩薩道建立皈依，盡未來際永不間斷，其發心偈為：「諸佛正法賢聖僧，直至菩提永皈依，我以所修諸善根，為利有情願成佛。」

可見，依菩提心建立的皈依，較之依出離心建立的皈依，有著深度和廣度的不同。在我們所熟悉的四弘誓願中，也體現了這樣一種恢弘廣大的願力：「眾生無邊誓願度，煩惱無盡誓願斷，法門無量誓願學，佛道無上誓願成。」由皈依三寶而直入菩提大道，上求佛道，下化眾生。

五、菩提心與人天善行

人天善行，即人天乘的行為標準。

通常，我們是根據所學經教來判斷學佛者的歸屬。若按五戒十善修行，便是人天乘；若按阿含經教的戒定慧修行，便是聲聞乘；若按大乘經教修行，便是菩薩道。事實上，這一區分並不確切。決定修學某個法門屬於何乘，關鍵取決於修行者的發心。任何法門的修習，皆有相應的心行基礎。同樣是布施，帶著希求人天利益的心去修，布施就是人天善行；帶著出離心去修，布施就是解脫道的修行；帶著菩提心去修，布施就是菩薩道的資糧。如果我們發菩提心修五戒十善，那麼五戒十善就能昇華為菩薩道的修行，而不僅是有漏的人天善行。

離開發心，很難根據行為本身判斷其屬性。對於禪者而言，搬柴運水無不是道。我們也會搬柴運水，卻無法從中悟道。禪者修行的奧祕何在？無非在於心行的不同。所以，同樣的行為會導致截然不同的結果。我們做每件事，最重要的是以怎樣的心去做。如果我們能發起菩提心，一切善行皆是菩薩行的組成部分。

六、菩提心與念輪迴苦、求出離解脫

作為一個學佛者，相信六道輪迴，是必須具備的基本信念。唯有認識惡道之苦，才能策勵修行動力。如何才能離苦得樂？不同層面的修行，採取了不同的對治法門。

人天乘的修行，以人天善果作為修行目標。因而持戒修善，以期來世繼續得生為人乃至生天享樂。同時，不種墮落惡道之因，以此避免惡道痛苦。

但人天之樂終非究竟，因而，聲聞行者還必須認識到輪迴是苦。三惡道固然是苦，人天福報亦屬有漏。若不能透視輪迴本質，便會貪著人天小果，繼續輪轉六道，墮落也在所難免。所以，在解脫道的修行中，應「觀三界如火宅，視生死如冤家」，由此生起迫切而猛利的出離心。這種急迫是刻不容緩的，正如論中引《親友書》云：「縱使烈火燃頭上，遍身衣服焰皆通，此苦雖急猶可置，求證無生較此要。」

聲聞人雖已發起離苦之心，卻未由己及人，體會一切眾生的痛苦。在求解脫的過程中，但求速速自了，無暇旁顧。同樣是觀輪迴苦，菩薩不僅念及自身痛苦，更對一切眾生之苦感同身受。在無盡輪迴中，一切眾生皆曾是我們的骨肉至親，當我們希求解脫時，如何忍心將他們置於苦海而不顧？所以，菩薩念輪迴苦，是念一切眾生的痛苦；菩薩追求出離，是救度一切眾生出離。正如《金剛經》所言：「所有一切眾生之類，若卵生、若胎生、若濕生、若化生，若有色、若無色，若有想、若無想、若非有想、若非無想，我皆令入無餘涅槃而滅度之。」菩薩道的修行，處處以一切眾生為所緣境，沒有絲毫自他分別，這才是大乘行者究竟的發心。

同樣是念苦，但發心不同，採取的方式不同，最後抵達的目標也不同。唯有發起菩提心，念輪迴苦，希求與眾生共同出離，才能成就最大的價值。好比將只容一人乘坐的小舟，改造為可容納所有眾生的解脫巨輪，共同抵達生死彼岸。

七、菩提心在大乘佛教中的重要性

《道次第》中，將菩提心、菩薩行、空性見作為大乘佛法的三大要領。其中，又以菩提心為根本。

關於菩提心的重要性，《道次第》歸納為以下幾點：

1．**為大乘人**。《道次第》云：「是故大乘者，以菩提心之有無而作進退。」可見，菩提心乃判斷聲聞行者和菩薩行者的標準。發起菩提心便是大乘人，反之則是小乘人。不少人以為，漢傳佛教為大乘，參禪、念佛是大乘修法，便儼然以大乘行者自居。卻不曾自省：自己所發是什麼心？又是為了什麼而參禪、念佛？事實上，法並不是抉擇大小乘的標準，論曰：「以是若僅以法是大乘，則猶不足，必彼補特伽羅住入大乘為重要。」即使念佛、參禪有所受用，若不是發菩提心而修，亦不屬大乘之列。關於這一點，宗大師也明確指出：「若何時與菩提心捨離，則縱有能達空性等功德，亦是墮入聲聞等地，退失大乘。」

2．**為真佛子**。發起菩提心，才稱得上真正的佛子。聲聞人雖也算佛子，但與菩薩內涵卻有所不同。正如太子和王子，雖同是王室血脈，但王位卻非太子莫屬。真正能繼承如來家業的，也非發菩提心的菩薩莫屬。論中引《入行論》曰：「此心生起，無間即成佛子也。」在發心的當下，就是如來真正的兒子，有能力荷擔如來家業。

3．**發心之後，功德超過二乘**。在一切心行中，菩提心是至高無上的。《道次第》中將其喻為金剛寶：「善男子，所謂金剛寶者，雖已破碎，勝出金等莊嚴，映蔽一切，亦不失金剛寶之名，一切貧乏亦能遮止。」即使破碎，仍比任何寶物更具價值。關於菩提心的功德，彌勒菩薩在《華嚴經》中有著極為詳盡的闡述。每次讀誦這篇讚文，我都感覺力量鋪天蓋地而來，充滿身心，充滿宇宙。所以說，菩提心一旦發動起來，絕對勝過一切心行，勝過聲聞的無漏智慧。

4．**成佛的不共因**。《大莊嚴經》云：「善男子，菩提心者，如一切佛法之種子。」所謂不共，即獨特、決定性的因素。成佛究竟成就什麼？正是慈悲和智慧兩種品質。這一成就所依靠的，則是菩提心和空性見。其中，空性見乃三乘聖者共同證得：「諸獨覺、聲聞亦依於慧，以是亦說般若波羅蜜多為母，是大小二乘子之母。故不以通達空性而分大小乘，是以菩提心及諸廣大行而判也。」在絕對真理上，在諸法實相上，佛陀和聲聞所證是沒有區別的。若有所不同的話，便是究竟與不究竟的差異。《法華經》有三獸過河之喻，兔、馬、象一同過河，但兔子浮於水面，馬能沒入河流，象則直接踏至河底、截斷眾流。為什麼「唯佛與佛乃能究竟諸法實相」？原因也在於菩提心。因為空性見是三乘修行的共因，而菩提心則是不共因。

八、菩提心的發起因緣

省庵大師云：「此菩提心諸善中王，必有因緣方得發起。」

佛法的基本理論是緣起法。唯識學告訴我們，每種識的生起皆由因緣所致。如眼識九緣生，耳識八緣生，鼻舌身識七緣生，意識五緣生。同樣的道理，心行也是仗緣而生。

那麼，菩提心這樣一種殊勝的心行，又是如何生起的呢？省庵大師在《勸發菩提心文》中，闡述了十種因緣，即念佛重恩、念父母恩、念師長恩、念施主恩、念眾生恩、念生死苦、尊重己靈、懺悔業障、求生淨土故、為念正法得久住故。

《道次第》中，宗大師則為我們提供了兩種方法。一是阿底峽尊者的七因果，從知母、念恩、報恩、修慈、修悲、增上意樂、發菩提心。其理論依據為：「謂圓滿佛果從菩提心生，彼心從增上意樂生，意樂從大悲生，大悲從慈生，慈從報恩心生，報恩從念恩生，念恩從知母生。」所以，首先是知母，觀一切眾生為生身之母，由此生起慈悲憐憫之心。

這種觀修並非虛構。修行所要達到的目的，和世間追求不同。世人追求外在成就，而修行之要在於心行轉化，這是兩者的根本差別。轉化心行可通過兩種方式完成，一是觀修，一是日常的行住坐臥。我們以什麼心來做事，最後便會成就什麼。學佛，關鍵在於善於用心，《華嚴經・淨行品》中為我們開示了很多具體的用心方法。做每件事，都應觀想「當願眾生……」，以此成就外在事業，並轉化自身心行。

觀想，就是用心的方便善巧。同樣做一件事，採用的方式不同，完成的效率也截然不同。在農業時代，一個農民能種多少田？一個村莊能種多少田？可在機械化時代，一個人就可耕種千百畝田地，這正是有無方便的區別。修行也是同樣，若具有善巧方便，結果將截然不同。

很多修行都必須通過觀想完成。如《普賢行願品》的禮敬諸佛、稱讚如來、廣修供養等。若不藉助觀想，即使盡未來際地努力，也很難圓滿成佛資糧。我們拜佛時，只拜眼前這尊佛；供養時，只供養手中這件東西。如此，何時才能成就佛菩薩的無量功德？而普賢七支供的殊勝，正是以觀想輔助修行：每一次禮拜，皆同時禮拜盡虛空、遍法界、十方三世一切諸佛。虛空有無量佛陀，每尊佛前皆有我在禮拜，每個我又在拜著無量佛陀。不再是一個我，也不再是一尊佛。

自他相換，也是幫助我們發起菩提心的重要觀修，出自寂天菩薩的《入菩薩行論》：「雖有於自他，欲速為救護，於自他當換，是即密妙行。」自他相換的前提，是意識到利己的過患和利他的功德。眾生所有的痛苦，皆因利己而起，「謂我愛執者，是一切衰損之門」。而佛菩薩所以解脫自在，則因「愛執他者，為一切圓滿之處」。這是自他相換法的基本認知。

若沒有這種認知，便不可能修利他行。我執有著巨大而難以擺脫的慣性，只有深刻意識到利己的過患，才會努力改變這種現狀。自他相換，便是將利己的這份心用於利益眾生，將捨棄眾生的這份心用來捨棄我執。如此修行，可迅速成就佛果，正如《道次第》所言：「若將自利之心換而為他，則早已成佛，自他義利，一切圓滿無疑矣。以不如是故，勞而無益，空過時也。」

九、菩提心的受持儀軌

不少人雖然也知道發菩提心，但往往停留於口號，並未真正當作一回事。即使當作一回事，也不知如何著手進行。

在學佛過程中，三皈五戒、沙彌戒、比丘戒乃至菩薩戒，都要通過相應的儀軌才能獲得，受持菩提心也是同樣。因而，《道次第》特別闡述了菩提心的修法，使我們可以像皈依受戒那樣，祈請受過菩薩戒的戒師，通過如法而隆重的儀式受持菩提心：「我某甲，亦從今時乃至菩提，於其中間，於無上正等廣大菩提而為發心。諸未度有情為令得度，諸未解脫為令解脫，諸未出苦為令出苦，諸未遍入涅槃為令遍入涅槃。」當然，通過儀軌所獲得的，只是世俗菩提心之體，而非勝義菩提心。除非戒子根機極利，戒師修證甚深，也可能在受持的當下契入勝義菩提心。

受持菩提心後，應時常憶念，以此指導心行。《道次第》云：「故大悲心者，非僅發一次，宜加修習，漸令增長。不顧自之苦樂，不厭利他，則速能圓滿一切資糧。」於多數人而言，初發菩提心極難一步到位，還應不斷加強。我們受持五戒，便會不斷提醒自己不殺生、不偷盜、不邪淫、不妄語、不飲酒。發起菩提心後，則應時時以眾生利益為上。菩提心能在心行中產生多大力量，取決於我們對菩提心的信念。對菩提心的信心越大，受持後形成的力量就會越大，反之亦然。

獲得菩提心的體，以發心為基礎，然後通過儀軌將其固定下來。更重要的是，受持後還應守護，如受戒後應以持戒守護戒體，菩提心之體亦應不斷鞏固，時常憶念菩提心的殊勝及捨棄菩提心的過患。《道次第》建構每個法的修行時，皆有如是特點。眾生無時不在得失之中，所以，宗大師就根據眾生的特點造論。如念死，首先告訴我們念死的勝利和不念死的過患，闡述六度時也是如此，如修布施有何利益，不修有何過患等，因材施教。

受持菩提心後，還應時常憶念菩提心的功德。若感覺不到其利益，發心很難持久。反之，若對這一利益的認識不斷加深，力量便會隨之增長。久而久之，無須著意努力便可安住菩提心中。任何一種心行的培養亦復如是，首先通過不斷作意來加強，最終任運自如。所以，《道次第》中要求修學者：「修學增長者，如是僅不棄捨猶為不足，須於晝三次夜三次，以大勤勇令其增長。」應每日六次憶念發心偈頌：「諸佛正法賢聖僧，直至菩提永皈依，我以所修諸善根，為利有情願成佛。」

這不僅是我們的人生目標，也是做每件事應有的心行基礎。即使一時沒有能力做到，至少要具足這份心，不斷觀修，使菩提心成為生命的根本力量。

十、菩提心的實踐

發起菩提心之後，不僅要以觀修來強化，更應付諸實踐。菩提心的實踐，正是菩薩行。論中引《大日經》云：「祕密主，彼一切種智者，是從大悲之根本生，是從菩提心之因生，是以方便而到究竟。」所謂方便，「修施等六度行也」。

每個層面的修行，皆有相應的發心及行為。如人天乘發增上心，以人天善行成就人天果報；解脫道發出離心，以戒定慧成就出世解脫；菩薩道發菩提心，以菩薩行成就佛果資糧。

關於菩薩行的思想，大乘經論中極為豐富，尤其是瑜伽唯識系統的經論。如《瑜伽師地論》三十五卷至五十一卷及《大乘莊嚴經論》，都是為我們闡述菩薩行的內容。在《解深密經》和《攝大乘論》中，菩薩行也是重要內容。格魯派繼承深觀和廣行兩大思想體系，廣行部分，便是瑜伽唯識的思想。

《道次第》中，菩薩行主要圍繞六度四攝展開，並從三個方面對布施、持戒、忍辱、精進、禪定、般若進行闡述。如布施，包括其自體是什麼，其心行差別及特徵是什麼，這種行為應如何生起。

六度的修行，都是在圓滿菩提心。如布施是要去除慳貪，若內心不存在絲毫慳貪，布施的心行便圓滿了。持戒是要遠離對一切有情的損害，這種損害主要是從攝律儀戒而言。菩薩戒包括攝律儀戒、攝善法戒和饒益有情戒。攝律儀戒的特點是不損惱眾生，若對眾生沒有絲毫惱害之心，持戒的心行便圓滿了。而忍辱則是遠離嗔恨，若在任何境界中都不會起絲毫嗔心，忍辱的心行便圓滿了。每種心行的圓滿，都是戰勝凡夫心的過程，是戰勝慳貪、損惱、嗔恨的過程。徹底捨離凡夫心，方能圓滿菩提心。

受菩薩戒，是菩薩道修行中的重要儀軌。菩提心的實踐，必須通過六度四攝來完成。而菩提心又是菩薩戒的靈魂，發起菩提心，才能受菩薩戒並取得菩薩資格。進而，還須進一步嚴持菩薩戒，實踐菩薩行，才能成為合格的菩薩。

菩薩戒有「梵網菩薩戒」和「瑜伽菩薩戒」之分。其中，「瑜伽菩薩戒」根據六度四攝而建構，開遮十分善巧，是指導我們行菩薩行、圓成菩提心的有力保障。沒有菩薩戒為依怙，在修學過程中，可能會因種種考驗向凡夫心妥協。所以，必須有戒律進行約束。

十一、菩提心與空性見

菩提心和空性見是大乘佛法的兩大內涵，同時也是成佛之因，以空性見為共因，以菩提心為不共因。對作物生長來說，水和肥料為共因，種子為不共因。因為水和肥料可作用於任何種子，而種子則是決定作物屬性的根本。有怎樣的種子，就會結出怎樣的果實。

有空性見而無菩提心，將落入二乘，無法成就無上佛果。但只有種子而無陽光、水分等助緣，種子也無法開花結果。同樣的道理，沒有空性見的抉擇，菩提心永遠無法圓滿成就。佛果的大慈大悲必須通過菩提心完成，而發心過程中，從世俗菩提心到勝義菩提心的昇華，則離不開空性見的推動。

世俗菩提心的心行基礎是妄心，是有漏、有限、有我的。如果滯留於世俗菩提心，即使想要利益一切眾生，也無法願行一致。因為妄心是有我執的，無法平等一如。當我們想到利益眾生時，我執便會百般阻撓，將我們發起的一念菩提心打上折扣。妄心是有限的，建立在妄心基礎上的世俗菩提心也是有限的。而佛陀證得的空性是無限的，所成就的大慈大悲也是無限的。

如何從有限進入無限？唯有通過空性見。空去我相，空去人相，空去眾生相，空去壽者相。一切皆如夢如幻，了不可得。若我們不斷地作如是觀修，凡夫心便會隨之削弱，勝義菩提心方能由此生起。同時，菩提心的圓滿成就也離不開空性見。發起勝義菩提心之後，我執和煩惱障的力量還未完全消除。所以，地上菩薩還要不斷修真如觀、空性觀，將煩惱習氣消融於空性中。所以，菩提心的圓滿成就也離不開空性見。

整部《道次第》，以菩提心貫穿始終，使三乘佛法次第井然，層層遞進。其中又包括兩大內容。首先是人天乘、解脫道與菩提心的關係。經由菩提心的統攝，使下士道、中士道成為菩薩道的前行。這一思想，正契合佛陀在《法華經》中所說的：「十方佛土中，唯有一乘法，無二亦無三，除佛方便說。」《法華》會三歸一的思想，是佛陀應世布教的深意所在，所謂「云何諸佛世尊唯以一大事因緣故出現於世？諸佛世尊，欲令眾生開佛知見」。宗大師在《道次第》中，以菩提心融會三乘修法，與《法華》思想一脈相承。既對其深意作了詮釋和解說，更建構了切實可行的修行理路，堪稱解行並重的修學綱要。

在上士道中，宗大師進一步對菩提心的發起因緣、受持儀軌、修行實踐及菩提心與空性見的相互關係作了正面闡述。為我們全面了解菩提心在佛法修學中的重要性，提供了完整的認識和實踐方法，引領我們走向究竟的覺悟之路。

《道次第》修學的目標和重點

——二〇〇六年冬講於西園寺「青年佛學進修班」

《道次第》屬於藏傳佛教的典籍。說到藏傳，不少人會等同於密宗，覺得我又不修密宗，不必學此。其實，本論是關於顯教部分的建構，修學內容和漢傳佛教相通。也有人覺得，我學淨宗，抱定佛號即可，不用費心學教。還有人覺得，我學禪宗，一招直入如來地，何須次第步驟？

但我們要知道，一句佛號看似簡單，但念得相應並不容易。因為阿彌陀佛是萬德洪名，內涵極其深廣。若不解其中深意，念的不過是一個符號，一些音節。這樣的念，自然不會有分量，不會在內心產生什麼作用。如果按照《道次第》的修學理路，對皈依、出離心、菩提心具備正確認知，以憶念三寶的心來念，以出離輪迴的心來念，以利益眾生的心來念，才能將心力調動起來，和彌陀心心相印，感應道交。

參禪也是同樣，法門本身固然圓頓快捷，不拘一格，尤其在當前這個速食文化的時代，這種迅速成就的方法，確實令人心嚮往之。但是，見性要見什麼？成佛要成什麼？如果對此模糊不清，是根本頓不起來的。末法時代的眾生，多半煩惱深厚，習氣堅固，沒有相當的前期準備，即使有幸得遇大善知識，也無法直接指到那顆被塵勞層層包裹的心。歷史上，言下頓悟的公案似乎不少，但對象都是塵勞很薄、根機很利的法器。而對那些煩惱堅如鐵壁的眾生，善知識的一指禪也是無能為力的。當然，根機並非固定不變，也是可以轉化的。這就需要基礎，也就是前行。

所以說，《道次第》對修學各個法門都有幫助。

本論全稱為《菩提道次第》，其中又有《廣論》和《略論》之分，基本架構相同，只是對義理的詮釋和開顯有廣略不同。菩提道，即成佛之道。這是一條以凡夫為起點，以無上菩提為終點的道路。如何從起點抵達終點？各宗有不同修行方法。《道次第》的意義在於，為我們提供了一條常規道路。

所謂常規，就是適應面極廣。對鈍根固然合適，對利根同樣需要，可謂三根普被，利鈍全收。

一、兩大目標

本論安立了上中下三個層次。下士道，即通常所說的人天乘，主要修學內容包括念死無常、念三惡道苦、皈依三寶、深信業果。中士道，即通常所說的聲聞乘，是以解脫為修行目標，主要修學內容為發出離心、念輪迴苦等。上士道，即通常所說的菩薩乘，是以無上佛果為修行目標，主要修學內容為發菩提心、行菩薩行等。

三士道中，又以解脫和無上菩提為佛法特有的修學目標。因為下士道的念死、念惡道苦是為了激發解脫之心。此外，得到人身也是為了獲得一次修行機會，而不是以此為足。

1．成就解脫

下士道的修行是為解脫奠定基礎，而上士道的修行同樣沒有離開解脫，是將自己成就的解脫經驗延伸出去，將解脫對象由個人擴大到眾生。從這個意義上說，解脫正是佛法修行的核心之道。

如何才能解脫？這是很多人關心的問題。現代人最大的問題就是心態不好，時時糾纏於煩惱中，需要緩解，需要釋放。那麼，煩惱究竟是什麼？怎樣才能從源頭根除？這就需要知道，煩惱從何而來。從表面看，煩惱似乎都是由某種外因引起，但根源就在於無明，在於我執。這個依託基礎越堅固，煩惱生起的力量就越強大。一旦證得無我，煩惱就沒有著落了。如果「我」不覺得被傷害，不覺得被欺騙，煩什麼？惱什麼？

心是煩惱生起的基礎，但同時，心也具有解除煩惱的力量，那就是內心本具的覺性力量。禪宗說明心見性，所見正在於此。如果見到心的本質，面對各種念頭和情緒時，才會擁有自主的能力。否則的話，時刻都會被它們帶著跑，成為煩惱的受害者。

修行，關鍵是把握生命的自主權。解脫道的修行有五分法身，分別是戒、定、慧、解脫、解脫知見。其中，核心內容就是空性慧，這是解脫的根本力量。那麼，怎樣才能見性？就像尋找一個從未謀面的人，到人潮如織的地方去找，無疑是相當困難的。這就需要不斷清理現場，到目標所剩無幾時，才能作出有效判斷。戒和定的修行，正是起到簡化內心環境的效果。

心是什麼？就是由一個念頭接一個念頭組成，只是這種轉換迅速而難以察覺，所以在感覺中是相續的。在這些念頭中，力量並非均等，而是有強有弱，有大有小。尤其是我們特別在意的事，可能會長時間在心中徘徊不去。在武俠小說中，不少人一生就是為了報仇。換言之，他的生命就是被一個念頭所占據。

這個念頭從哪裡來？不是說某個念頭天生就有力量。念頭也是緣起法，需要經歷產生和成長的過程。比如我們與某人產生矛盾，生起一念嗔心。如果設法對治，就能化干戈為玉帛；如果耿耿於懷，嗔心就會得到滋養，得到強化。所以，念頭都是我們培養起來的。只要不斷賦予其能量，就會使它迅速膨脹，力大無比。

在我們內心深處，總會有一些陰暗而令人痛苦的心結，我稱之為心靈陷阱。怎樣打開這些心結？首先是通過重新思考來轉換觀念。比如對誰心懷不滿，想起就寢食難安。這就必須認清負面情緒的過患，明白那是在折磨自己，對解決問題沒有絲毫幫助。然後再依所學佛法進行檢討，從而化解情緒。同時，追尋煩惱產生的源頭，從根本予以斷除，而不是一味縱容。對那些不健康的需求來說，滿足只會使之得到營養。所以說，凡夫追求快樂的方式，往往是在製造痛苦之因，和真正的快樂是南轅北轍的。

這就是一種心理治療，當然還不究竟。究竟的治療，必須開發空性慧並安住其中。具備這種無漏、無限的智慧，也就具備了解脫能力。

2・成就菩提

對聲聞行者來說，一旦解脫，就所作已辦，安享涅槃之樂去了。但對菩薩行者來說，不僅要成就解脫的智慧，還要成就利他的慈悲。因為智慧，所以不住生死。因為慈悲，所以不住涅槃。其實，每個人都有或多或少的悲憫之心，但這種悲心是被我執處理過的，是建立在個人好惡的基礎上，狹隘而又渺小。怎樣才能發起廣大的悲心？首先要學會理解他人，接納他人。

我們審核一下，自己有沒有理解別人的能力？能夠理解到什麼程度？在什麼層面可以理解，超過什麼層面就不能理解？通常，我們最能理解的就是自己。不論自己做些什麼，哪怕做了壞事，都能找到無數藉口，但要理解別人就比較難。一方面，在程度上比較淺，只能初步理解；一方面，在對象上比較窄，對不感興趣或有利害衝突的人就不願理解，不願同情。

再如我們對眾生的接納，有的心中只能裝一個人，有的心中可以裝兩個人，有的心中可以裝更多人，但無論裝多少，終歸是有限的，因為這種慈悲是建立於我執之上。而菩薩道的修行是要無緣大慈，同體大悲，也就是將自己和眾生視為一體，沒有任何好惡之分，親疏之別。這就必須通過菩提心的修習來打破自我。

沒有這個處處設置障礙的「我」，才能解脫自在，獲得真正的自由。社會也在提倡自由，如言論自由，信仰自由等等，但這只能給大眾提供一個寬鬆的環境，究竟的自由是在我們內心而非別處。如果內心還有執著和煩惱，即使生存環境再自由，我們一樣會被煩惱所縛，成為我執著的囚徒。自由，是相對不自由而言；自在，是相對不自在而言。我們想要自由自在，就必須剷除內心不自由、不自在的生長因素。

以上，簡單介紹了佛法修學的兩大目標。兩者的共同點都是解脫，不同是在於，僅限於個人解脫還是發願和眾生共同解脫。

二、三士道修學提示

學習《道次第》，需要了解各個環節的修學重點，更要了解其中的內在聯繫。這樣才能將不同的修學內容貫穿起來，環環相扣。

1．下士道重點

下士道的憶念內容，主要是念死無常、念三惡道苦、皈依三寶等。很多人不願想死，覺得這似乎很不吉利。但不想並不能阻止死亡到來，事實上，死亡是每個人必須面對的現實。如果毫無準備，臨終時就會措手不及，不想死，可又不得不死，實在是死不瞑目。

有人說，研究哲學就是為死亡做準備的。其實，生死也是一切宗教的永恆主題，是修行需要解決的重要內容。念死的修行，可以幫助我們審視現有行為的價值，使我們變得更清醒。通常，我們總是忙於工作，忙於家庭，忙於種種享樂。但所有這些，一旦死亡到來，又有哪一樣可以帶走？可以為我們安排未來去向？

或許有人會說，活著要有成就感。可成就感又是什麼？今天面對不如你的人，似乎很有成就感；明天碰到遠勝於你的人，又會帶來失落感。只要追求成就感，必然伴隨著失落感，伴隨著挫折感。反之，如果擁有平常心，就不會有這些起伏不定的情緒了。

想到死亡，想到三惡道苦，想到生命在輪迴中的處境，就會發現，尋找生命的依賴和歸宿才是當務之急。在成長過程中，我們始終都在尋找依賴。少年時依賴父母，依賴老師；成人後依賴家庭，依賴事業。但我們所依賴的這一切是不是真正可靠呢？稍加分析就會發現，世間一切都是無常變化，不可保信的。乃至今世須臾不離的色身，最終也是靠不住，帶不走的。唯有三寶，才是我們真正的依賴處。

三寶，除了佛像、經典、僧伽這些住持三寶外，還有內在的自性三寶。佛者，自性之覺；法者，自性之正；僧者，自性之淨。我們依賴三寶，從究竟的意義而言，正是依賴生命內在的自覺力量。

2・中士道重點

從下士道的修行來說，念死無常、念惡道苦可以幫助我們對三寶生起信心。從中士道的修行而言，則能幫助我們生起出離心。出離不是出世，不是逃避這個世界，而是要出離生死，出離輪迴。當然，如果我們發願和眾生不棄不離，像地藏菩薩那樣「地獄不空，誓不成佛」，是屬於菩提心的實踐，另當別論。但我們要知道，菩薩在輪迴中是自在的，而不是像我們這樣身不由己，無法自主。有些人可能不相信輪迴，那麼，我們是否相信煩惱？是否感到眾生在煩惱中互相折磨？相信我們都會有這樣的感覺。事實上，輪迴不只是外在的，因為煩惱就是輪迴的實質，就是輪迴的源頭。

漢傳佛教是大乘，不少人因此忽略了出離解脫的修行，甚至將出離心和菩提心對立起來。其實，兩者並不矛盾。出離心是我要出離輪迴、出離生死的願望，而菩提心則是把這種願望普及到一切眾生。兩者在目標上是完全一致的，只是出離的所緣不同而已。一是限於個人，一是由此及彼。就像我們的房子著火時，如果只顧自己趕緊脫身，就是聲聞的出離心。如果不忍大眾葬身火海，發願帶領他們共同出離，就是大乘的菩提心。

但不論發出離心還是菩提心，都要具備解脫的能力。否則的話，利他固然是一句空話，自己也是流轉輪迴，難以自保。

3・上士道重點

菩提心和出離心的差別，就在於出離對象是個人還是眾生。兩者不僅沒有任何矛盾，而且，菩提心必須以出離心為基礎。如果不願出離，菩提心是不可能真切的。因為你還看不到輪迴險惡，即使想著利益眾生，但因為對世間充滿貪著，這種利他心很快會因染汙而變質。就像過去有很多起義軍，開始也是想救百姓於水火，但得到一定利益後，就開始貪著享樂，腐敗變質。這也是因為沒有出離心的基礎，一旦誘惑出現，就被欲望、煩惱和我執緊緊抓住，再也想不到眾生了。

當你什麼都沒做的時候，想著利益他人似乎不難，因為只要關起門來想想，不需要有任何實際付出，也不需要面對形形色色的眾生。但利他不是一套說法，必須面對眾生去檢驗。菩提心的成就標準，就是對每個眾生都能心生慈悲，而不是把眾生度盡。如果那樣，沒有一個菩薩能圓滿慈悲。因為眾生是無量無邊的，而且菩薩度眾需要時節因緣，並非一廂情願的事。你想利益對方，也許有的眾生未必樂意。你說佛法好，他還覺得吃喝玩樂好！你說修行好，他還覺得醉生夢死好！

如果不了解緣起的道理，即使有心利他，也可能處處碰壁。我以前講佛法時，常常想：佛法這麼好，怎麼他聽了沒有感覺？後來才發現，所謂好與不好，關鍵是在他是否有這個需要，是否有這個認識。而不是說我們覺得好，對方也會覺得好。其中還涉及每個眾生不同的根機，不同的福德因緣。

簡單地說，菩提心就是出離心的擴大，是我要利益一切眾生的願望。當我們這麼說的時候，是不是發自內心？是不是迫切想去實現？很多時候，我們會說這樣那樣的道理，但很可能只是說給別人聽的，只是說說而已，並未想到進一步落實。所以，第一步要做的，是把這種說法變成發自內心的願望。這就需要受菩提心戒，通過宣誓，在十方三寶前將這種願望確定下來。然後還需要反覆修習，使這一願望落實於心行，並不斷強化，不斷提純。對凡夫來說，即使生起一些高尚的願望，開始也未必很純，往往還夾雜著自我及貪嗔痴，這就需要提純，把其中的雜質一一剔除。

所以，發菩提心有四個基本步驟：一是使願望變成自己真正的想法，二是使想法成為心理力量，三是從普通心理成為強大的心理，四是從強大的心理成為單純的心理，唯一的心理。這個過程，離不開空性正見的指引。

正見是幫助我們透徹生命真相，並對世間保持觀照的認知。生命的延續是一個重複的過程，如果看不清其中真相，無非就是重複貪嗔痴，重複凡夫品質，在生命的低級重複中流轉。學佛所要做的，是認識自身潛在的佛菩薩品質，然後不斷熟悉，不斷重複。所以說，修行就是一個擺脫錯誤、重複正確的過程。你重複什麼，你就是什麼。

三、結說

對於人生來說，每天想什麼、做什麼極其重要。因為我們想過、做過的一切，都會在內心留下痕跡，形成心靈因果。說到因果，人們更多是從外在去理解，覺得現在做了什麼，將來有什麼報應。其實，和生命的內在因果相比，外在因果是微不足道的。

從佛法觀點來看，我們的所思所行都是功不唐捐的。因為它是在內心播下一顆種子，是代表某種心理力量得到重複，也是決定生命未來的直接力量。我們未來會成為什麼？關鍵就在於現在想什麼，做什麼。

生命是緣起的，想法會產生行為，行為會形成習慣，進而演變為性格，演變為人格，並決定未來命運。我們希望未來是什麼，現在就應該從因地努力。過去的已然過去，未來的尚未到來。我們真正能夠把握的就是現在，就是當下這一念。

《道次第》講到三士道，我還加了一道，就是動物道。如果一個人以生存、過好日子作為生命目標，這種狀態和動物是沒有區別的。因為牠們也會覓食，也會為生存忙碌，這是一切動物的本能。如果我們沒有更高的生命目標，和動物實在沒有本質差別。

我們已經得到暇滿人身，僅僅用來生存，實在是極大的浪費。不要以為我們有多少錢，有多高地位，就代表了今生的價值。其實那都是身外之物，是夢幻泡影。真正的價值，是生命蘊含的成佛潛質。如果忽略這種內在寶藏而向外馳求，實在是得不償失。當然，我們要在社會生存，沒有相應財富是不行的，但不要將之作為唯一目的，那樣就本末倒置了。

人身難得今已得，佛法難聞今已聞。希望大家好好珍惜，踏實修學。依循《道次第》的指引，在建立人道德行的基礎上，進一步修習解脫道、菩薩道，完成生命品質的提升。

三士道修學概要

——二〇〇六年冬講於西園寺「青年佛學進修班」

本學期，我們已學過《道次第》的道前基礎和下士道兩部分。接著是中士道、上士道的內容，即解脫道和菩薩道，這是佛法修學的核心內容。道前基礎和下士道的修學，都是為此所做的準備。

一、道前基礎與下士道的重要性

1．道前基礎

道前基礎，是正式修道前需要完成的前期工作，主要內容為端正聞法態度、依止善知識和認識暇滿人身的意義。

關於聞法態度，直接關係到我們能否如實接受解脫道和菩薩道的教化。如果帶著成見聞法，所聞佛法就會被固有成見染汙。如果聞法後不再思惟憶念，也就很快忘失殆盡，無法產生作用。論中，宗大師總結為「離三種過，具六種想」，從正反兩方面幫助我們端正心態。

再如依止法，是教導我們如何選擇並依止師長。關於擇師標準，論中提出戒、定、慧、德勝、精進、教富饒、通達真實、說法善巧、具悲憫、斷疲倦十德。條件不具時，可減為五個。但最低限度必須符合三項條件，也就是正見、德行（持戒）和悲心。師長是學佛路上的嚮導，在其引領下，修行才能起到事半功倍的效果。現代人比較自以為是，覺得學佛只須找些書本按圖索驥即可，但轉來轉去，往往跳不出自我感覺，徒耗時光。所以，《道次第》將依止法定位為入道根本，是我們需要特別加以重視的。

再如暇滿、義大、難得的思惟，是生起修行意樂的關鍵。我們都有各自的價值觀，但常人的價值觀不過是名利地位，不過是無常泡沫，是禁不起推敲的。唯有認識到人身蘊涵的巨大價值，才會對修行生起迫切之心，以此實現生命的真正價值。

2．下士道

下士道又稱共下士道，內容為念死、念惡道苦、皈依、深信業果。

所謂共，即這些內容不僅局限於下士道，同時也是中士、上士的基礎。如念死、念惡道苦，從下士道修學來說，是生起皈依之心的前提。我們認識到生命危脆，認識到惡道痛苦，就要尋找究竟依賴，所以才皈依三寶。從中士道修學來說，念死、念惡道苦又是生起出離心的關鍵。否則，我們也會像世人那樣，貪戀於輪迴盛事，一朝無常來臨，只有隨業流轉，繼續沉淪。從上士道修學來說，念死、念惡道苦還是生起菩提心的基礎。如果不作這一觀修，自己尚且不願解脫，怎麼可能發心帶領眾生解脫？

再如皈依三寶，我們雖然信仰佛教，但是否覺得三寶是唯一依賴？是否覺得佛法比其他宗教更究竟、更有智慧？這就需要通過理性審視。確認之後，才能對三寶建立永久的依賴之心。佛，是成就解脫和無上菩提的典範；法，是幫助我們成就解脫和無上菩提的方法；僧，是指導我們成就解脫和無上菩提的老師。皈依，就是宣誓以佛法僧三寶作為生命歸宿。然後還須不斷修習，強化對三寶的信心。三寶在內心有多少分量，佛法對人生就會有多少影響。所以，皈依修學是貫穿整個學佛過程的，對中士、上士的修行同樣重要。

至於業果，則為我們說明了有情生命延續的原理，也就是因緣因果的相續。生命是什麼？就是由因及果的無盡積累。這個因就是業力，包括身口意三個方面。我們的所有行為，乃至起心動念，都會在內心形成力量。這些力量有善惡的不同，也有強弱的不同。當不同心力產生作用時，就會帶來相應的生命結果。但心念是無常的，通過努力即可改變。了解業的原理，我們就知道如何避免負面心行，張揚正面力量。所以，深信業果對中士、上士的修行也是不可或缺的。

二、中士道的修學

中士道，也就是通常所說的解脫道。

1・念輪迴苦、發出離心

說到解脫，首先要有解脫的意向，也就是出離心。那麼，我們為什麼要出離？怎樣才能生起出離心？這就必須真切意識到輪迴是苦。在憶念重點上，下士道是觀三惡道苦，而中士道不僅觀惡道是苦，進而要觀整個輪迴是苦。在尚未出離三界之前，即使得生人天，一樣是有漏而不究竟的。人道有生、老、病、死、愛別離、怨憎會、求不得、五陰熾盛八苦，天道雖衣食無憂，縱情歡樂，但天福享盡仍會墮落。

《道次第》中，將輪迴諸苦歸納為六點。一是無有決定，我們在輪迴中的身分是由業力招感，充滿變化和不確定。二是不知滿足，對欲望的追求永無滿足。三是數數捨身，隨時可能面對生離死別，不想死又不得不死。四是數數受生，隨業力在六道不斷投生，無法自主。五是數數高下，地位忽高忽低，或生天享樂，或墮落受苦。六是無伴之過，我們獨自來到世間，又將獨自離去，即使兒孫滿堂，也無人結伴同行。這些都是輪迴中無法逃避的痛苦。

一切文明的目的，無非是為了擺脫痛苦，但所有努力並未從根本見效。我們想要解脫痛苦，必須尋找痛苦之根，從源頭著手解決。這也就是四諦法門中的思苦、斷集。因了知人生是苦，故從中查找苦因。在切斷苦因之前，生命就是一台不斷製造痛苦的機器。

或許有人會說，生活不是有苦有樂的嗎？為什麼佛法只說痛苦而無視快樂呢？從感受來說，人生的確是苦樂參半。佛法所說的苦，是對生命所作的本質透視，且有特定範疇，僅指凡夫而言。因為聖賢的生命本質是無漏智慧，是沒有痛苦的。而凡夫的人生是建立在無明之上，它所呈現的就是我執，就是惑業。因無明而不見真相，故將非我執以為我。但我是什麼？其實就是一種錯誤設定，一種給人生帶來無盡煩惱的錯誤設定。

因為我執，就會生起貪心，覺得這是我的事業，這是我的家庭，這是我的親人。一旦利益受損，貪又進而引發嗔心。如果沒有這個「我」的標籤，會不會起貪？會不會起嗔？世間時時在發生變故，我們只是聽聽、看看而已。唯有那些和自己有關的，才會使我們心潮跌宕，輾轉難眠。

在成長過程中，我們還接受了很多錯誤觀念，從而產生邪知邪見，影響對事物的判斷，這些都屬於惑。惑一方面表現為不覺，看不清生命真相；一方面表現為缺乏觀照，時時被各種念頭支配。忽而生氣，忽而高興，忽而貪婪，忽而嫉妒。其中，究竟什麼代表我？佛法告訴我們，眾生無始以來都在認賊為子，把危害身心的病魔當作親子般呵護著，關照著。因為缺乏智慧審視，就會在貪的支配下產生貪的行為，在嗔的支配下產生嗔的行為，在嫉妒的支配下產生嫉妒的行為。這種業行的不斷積累，會形成難以抵擋的洪流。

其實，這些力量都是我們自己培養的，是通過無數次重複形成的。包括我們所有的興趣愛好和工作能力，同樣是這麼培養起來的。現在的你，是由往昔業因積累而成；未來的你，又是由現前言行所決定。你想什麼，做什麼，就決定了你的未來是什麼。大家對生命現狀是否滿意？如果滿意，學佛只會成為生活點綴，起不到更多作用。唯有看到生命存在的過患，才會生起離苦得樂、希求解脫的願望。由此，才能得到學佛的真正利益。

2．解脫的修行

解脫，包含解脫的意向、對象和能力。

首先是具備解脫意向。生起這一意向的前提，就是正見輪迴是苦。唯有透徹其本質，我們對現實中的一切才會完全放下。否則，即使暫時厭倦了追名逐利，一旦機會來臨，又會直奔而去，開始下一輪追逐。我們對世間有多少興趣，就會有多少執著和罣礙，相應的，也就有多少不解脫。我們反省一下就會發現，凡能構成干擾的因素，必定是我們在乎的，放不下的。所以，出離心的檢測標準，就是對輪迴盛事不再有任何期待。反之，只要還有一點罣礙，就只是相似的出離心。

其次要了知解脫對象。說到出離，是不是從六道跳到第七道去？答案是否定的。我們所要出離的不是時空，不是環境，而是產生輪迴的根源，也就是惑和業。佛典中，將輪迴規律總結為十二緣起，包括無明、行、識、名色、六入、觸、受、愛、取、有、生、老死十二個環節。因為無明，我們把身體當作是我，把情緒當作是我，把錯誤知見當作是我，從而不斷造業。這種業力又推動我們再去起惑，再去造業，形成一個又一個苦果。生命就是這樣一場無始無終的輪迴遊戲，一集結束，新的一集立刻開場。唯有解脫，才能曲終人散，落下帷幕。

修行就像打仗，不僅要知道敵人是誰，還要知道目標在哪裡，知道用什麼武器才能打敗對方。佛法是心地法門，所以，心才是真正的用功辦道之處。古德云：「大事未明，如喪考妣。」不明白自己的心地，沒找到生命的本來，不懂得如何斷惑證真，實在是悲痛欲絕，如喪考妣。但大事已明後，同樣還是如喪考妣。此時雖心地已明，仍要對付無始以來的串習，仍要處處謹慎，加功用行，直到八地菩薩才不再退轉。

第三是培養解脫能力，也就是戒定慧。很多人覺得，戒律無非是些條條框框，是一種外在束縛，如何會與解脫有關？原因在於，我們所有行為都是習慣的延續，是建立在無明我執的基礎上，是和輪迴相應的。而戒能起到止息串習的作用，使之不再繼續。同時，將行為賦予修行內涵，使我們身心調柔，播種解脫之因。對凡夫來說，心念時時都在奔流不息。在這種強大妄流中，不必說見性，連基本覺察都難以生起。每種心念的產生，都是內因和外緣的共同作用。持戒可以幫助我們規範行為，簡化內心，自覺抵制不良環境，從而減少惡念生起的機會。

但是，不去接觸外境就沒有妄想了嗎？事實上，閉上雙眼一樣可以胡思亂想。我們的阿賴耶識儲藏著無量種子，即使沒有外境，第六意識仍會將這些種子翻出來，繼續貪嗔，繼續妄想。所以還要修定，使意識安住於特定所緣，不再四處馳騁。當意識停止妄想分別時，阿賴耶識的種子就沒有活動機會了。再來作空性觀修，就不會有太多干擾。

三無漏學中，真正的解脫力量是慧。但這種無漏慧的生起，離不開戒和定的基礎。否則，雖然太陽始終朗照天地，卻被層層烏雲遮擋，不見蹤影。我們說修行人根機利不利，主要就取決於他的煩惱障是不是很厚。在禪宗公案中，許多學人稍經善知識點撥，即可言下頓悟，徹見本心。之所以有如此神效，正是因為本身的煩惱障很薄。不然的話，善知識的一指禪也是無能為力的。

所以，中士道的修行就是以出離心為解脫意向，以惑業為解脫對象，以戒定慧三無漏學為解脫能力。抓住這幾點，也就把握了解脫的核心。

三、上士道的修學

上士道的修行要點，在於菩提心、菩薩行、空性見。其中，空性見是解脫道和菩薩道的共因。不共聲聞的，主要是菩提心和菩薩行。但這種不共並非對立，依然有著內在的聯繫。

1．解脫道與菩薩道

關於出離心和菩提心的關係，宗大師在《道次第》中作了善巧說明，是以出離心作為菩提心生起的基礎。所以，解脫道又稱共中士道。所謂共，就是將之作為菩薩道的組成部分。作為菩薩來說，同樣要有出離輪迴的願望，同樣要解除惑業，區別是在於所緣境界。聲聞的出離心是追求個人解脫，而大乘的菩提心是將這種出離願望由己及人，發願帶領眾生共同解脫。

在解脫本質上，聲聞和菩薩並無區別，能解脫的都是空性慧，所解脫的都是惑業。不同只是表現在量上，是從個人擴展到大眾，是從有限擴展到無限。從這個意義上說，菩薩道的修行就是對解脫的延伸和圓滿。這種圓滿，正是成佛的不共因。

佛陀為福智兩足尊，具足圓滿的慈悲和智慧。所以，菩薩道修行的根本就是修慈悲、修智慧，此外別無其他。

2・發菩提心

菩提心，就是覺悟和利他之心。因為覺悟，故能成就智慧；因為利他，故能成就慈悲。其中又包括願菩提心和行菩提心。

願菩提心，就是我要幫助一切眾生解除輪迴痛苦的願望。這一利他願望也包含著覺悟，否則，就不會想到幫助一切眾生。但僅僅生起願望是不夠的，還須通過不斷修習來強化。因為這一願望剛剛萌芽，在很多時候，它還比不上貪心，比不上嗔心。如果沒有刻意調整，我們總是本能地修習貪心，長養嗔心。所以說，凡夫也在修行，只是修錯了對象。

當我們認識到貪心過患，認識到慈悲對生命提升的意義，就要調整修習內容。從修我執改為修利他，從修貪嗔改為修慈悲。進而，將悲心逐步擴大，由幾個人擴大到幾十、幾百乃至無量眾生，從我們喜歡的人擴大到陌生人，擴大到曾經厭惡的那些人。佛菩薩的大慈大悲，就是對一切眾生都能生起悲心。這是一個可以量化的檢測標準，也是一個無法作假的檢測標準。我們的心行達到什麼程度？只須看看心中能裝下多少人，答案就在這裡。

或許有人會說：我對眾生不感興趣，憑什麼要利益他們？這就必須了解，這種願望對自身究竟意味著什麼，對修行究竟意味著什麼。明確認識之後，還要對三寶莊嚴宣誓，發願以利他作為生命目標。這一宣誓，就是受持願菩提心，由此在內心形成菩提心戒體。

很多信眾熱衷於受菩薩戒，但我們要知道，菩提心才是菩薩戒的核心所在。若不知菩提心為何，不懂得修習慈悲，又能算是什麼菩薩？所以，首先要使菩提心成為內心願望，將盡未來際利益眾生作為自身使命，才有資格求受菩薩戒，才有資格成為菩薩行者。

受持願菩提心之後，還要將修習菩提心作為常課。因為菩提心戒體也是緣起法，雖已播種，但力量還不能與無始以來的串習抗衡。如何使這一念成為生命主導？需要不斷告誡自己：我要利益一切眾生。在反覆提醒的過程中，使菩提種子得到強化。否則，這一願望會因為疏於管理而逐漸枯萎，逐漸被其他心行取而代之。

關於菩提心修法，漢地比較著名的有省庵大師的《勸發菩提心文》，其中列舉了發菩提心的十種因緣，分別是念佛重恩、念父母恩、念師父恩、念施主恩、念眾生恩、念生死苦、尊重己靈、懺悔業障、求生淨土、為念正法得久住。想到佛菩薩、父母、師長、施主乃至一切眾生對我們恩重如山，除了發心利他，實在難以為報。此外，還有念生死苦等五種因緣。經常依此思惟，會覺得發菩提心是生命的唯一出路，別無選擇。

《道次第》則提供了兩種思惟方式，一是阿底峽尊者的七支因果，包括知母、念恩、報恩、修慈、修悲、修增上意樂、修菩提心七個步驟。一是寂天菩薩在《入菩薩行論》中所說的自他相換。

我們之所以發不起菩提心，多半是覺得眾生和我們沒有關係。這也需要調整觀念，化解彼此的陌生與隔閡。佛法告訴我們，眾生在無盡輪迴中都曾互為親人。那麼，我們忍心無視親人的痛苦嗎？可能有人會說，現生的親人都顧不過來，何況過去？這也確實是很多人的現狀。如何對治這種冷漠？可以通過念恩來觀修，我們要思惟母親十月懷胎，辛勤哺育，為將我們培養成人，付出了無數心血和勞苦。如此恩德，除了全身心回報，沒有任何方式可與之對等。從對生身之母開始念恩，然後將這種感覺逐步擴大。如果不懂得感恩，就不會生起報恩心，更無法將此心推及眾生，甘願為之拔苦與樂。當然，每個人都有或多或少的慈悲，難的是發廣大心，發長遠心。所以還需要修增上意樂，將此作為不可推卸的責任，這才是菩薩的大慈大悲。否則，聲聞也修習慈悲，其他宗教也宣揚慈悲，社會大眾也提倡慈悲，菩薩的慈悲究竟有什麼特殊之處呢？其不共就在於，把盡未來際利益一切眾生作為自身使命。

七因果之外，自他相換也是發起菩提心的殊勝法門。對於菩提心的修行來說，最難克服的就是我執。尤其在幫助他人和自身利益發生衝突時，我們往往會本能地保護自己，排斥眾生。因為我們還不具備平等心，一切行為都是建立在自我感覺的基礎上，充滿著好惡，充滿著親疏，充滿著對立。這就是凡夫的現狀，是我們必須面對的現實。這就必須認識到，世間一切過患皆因我執而起。為什麼佛菩薩能成就一切功德，而凡夫卻成就一切煩惱？區別就在於是否有「我」。所以說，我執是一切衰損之門，利他是一切功德之本。自他相換的修行，一方面，是把愛著自己的這份心轉向一切眾生；一方面，是把對一切眾生的冷漠轉向自己。換言之，是把心目中自己和眾生的地位進行對調。通過這種交換來瓦解我執，利益大眾。

以上三種都是修習菩提心的經典法門。不論選擇哪種方式，都要不斷告誡自己：我要以利益一切眾生作為生命目標。否則，很容易在前進途中迷失方向，落入輪迴串習。我們是要解脫成佛，還是繼續在六道流轉？這是兩條非此即彼的道路。一旦擇定目標，我們走的每一步，都要設法接近這個終點。

3．行菩薩行

發起菩提心之後，還要修菩薩行，主要內容為六度四攝。《道次第》中有一重要命題，即「方便與慧，任缺其一，不得成佛」。六度中，布施、持戒、忍辱、精進、禪定所修為方便，般若所修為智慧，同時也是前五度的指導。

漢傳佛教本是大乘，但長期以來，卻予人消極避世的印象，原因就在於忽略菩提心和菩薩行。比如弘法，本是每個佛子的責任，也是利益眾生的最好方式。但在家居士覺得弘法是出家人的事，出家人覺得是高僧大德的事，結果使高僧大德不堪重負，也使很多眾生根本無緣聞法。當然，這並不是說每個人都要去講經說法。我們可根據自身能力，或將學佛心得與人分享，或向他人推薦弘法書刊，或幫助他人親近道場，創造一些使人接觸佛法的機會。

菩薩行是菩提心的具體實踐，所以，這些行為必須建立在慈悲心之上。比如放生，本是挽回物命，救眾生於水火的利他行為，但很多人只是為了個人消災免難、保佑平安而放。因為目的在於放，多半就是簡單地一放了事，並沒有設身處地為所放物命著想。反之，如果帶著慈悲心放生，考慮重點就不僅僅在於放，也在於怎樣使牠們更好地生存。所以說，悲心才是菩薩行的關鍵。同樣是放生，只有帶著慈悲利他之心去做，才是自利利他的菩薩行。否則，不過是人天善法而已。

在修習菩薩行的過程中，還要以空性見使之得到提升，從而保持無所得的心。如果沒有智慧指引，所謂的利他行，可能修得很執著，修得患得患失，甚至修得痛苦不堪，最後就成了「常苦惱菩薩」。那樣的話，很可能會退失道心，這也是初發心者常有的現象。所以，在利他過程中時時要以智慧抉擇，做完隨時放下，就像雁過長空一樣，不留痕跡。這也就是《金剛經》所說的「應無所住而生其心」。

4・修習空性見

菩提心有世俗菩提心和勝義菩提心之分，菩薩行也有世俗行和出世行兩種，區別就在於有沒有空性見。

空性見包括兩個層面，一是聞思正見，是通過聽聞佛法、如理思惟而獲得；一是出世正見，即內心所具備的明覺力量，是直接體認空性的能力。怎樣才能獲得空性見？

首先要對妄念進行清理。妄念是依託不同影象而產生，恨有恨的對象，貪有貪的對象，愛有愛的對象。其力量強弱，又與我們對所緣的在乎程度有關。所以，我們要對這些影象進行智慧透視。分析一下，我們所認為的好，其實質是什麼？是客觀事實，還是情緒投射？凡夫最在意的就是我，但什麼代表著我？從物理角度能找到嗎？色身是由父母給予，通過飲食逐漸成長，其間不斷新陳代謝，沒有一個細胞不在無常中更替變化。從心理角度能找到嗎？心念同樣是不斷積累而成，包括我們的思想、性格、能力，哪一樣是與生俱來，不曾改變的？從昨日之我到今日之我，今日之我再到明日之我，乃至從生到死的整個過程，哪一秒，不在連續不斷的變化之中？佛教認為，心念就像流水一樣，相似相續，不常不斷。在相似相續的過程中，生命內容也在不斷更替。所以，這一切都是虛幻不實，了無自性的。具備這一認識，心就不易黏著於境界。

當我們不被妄念左右時，再起觀照，就方便契入了。很多人覺得無力觀照，正是因為念頭隨時變化，動盪不安。當我們的心力都用於執著時，哪裡還有精力作觀？就像電腦被病毒耗盡所有資源時，已經無法啟動其他程序了。

當然，這個階段還是有造作的觀照。通過覺察的觀修，就能從有造作的觀照，進入沒有造作的明覺，引發空性智慧。有一分覺悟，就會化解一分無明，成就一分解脫。不斷覺悟，就能徹底破除無明，成就解脫。進而，把這種解脫的經驗和能力傳遞給眾生，在圓滿無漏智慧的同時，成就無限慈悲。

以上，主要為大家提示了道前基礎和下士道的修行重點，並對中士道和上士道的修行作了概括性的介紹。具體內容，希望大家對照《略論》原文和講課錄音深入學習。學好《道次第》，就能掌握修學套路。不論今後學哪個宗派，修哪個法門，都是大有利益的。

論「方便與慧，成佛缺一不可」

——二〇〇四年夏講於戒幢佛學研究所

成佛的修行必須具備哪些條件？千百年來，漢傳、藏傳各宗因對佛陀教法的認識存在差異，故在建構自宗修學體系時，形成了不同觀點。能否正確看待這些問題，直接關係到我們能否圓成佛果。在《道次第》中，宗大師對此作了詳細論述。

一、成佛修行的兩大內容

《道次第》中，宗大師明確提出：「方便與慧，隨學一分，不得成佛。」何為方便？通常是指途徑、手段、方法。從這個意義而言，八萬四千法門皆可稱為方便。但在《道次第》中，對「方便」一詞的內涵卻有特別界定，依整個《道次第論》的內容而言：

奢摩他以下，是為方便分及福德之資糧，依於世俗諦之道，廣大道次第也。三種殊勝慧者，是為般若分及智慧之資糧，依於勝義諦，甚深道次第故。當於彼等次第數目生起決定，及以慧與方便隨離一支不成菩提，應起大決定也。

這裡明確指出，何為「方便」，何為「慧」，認識「方便」與「慧」的內涵，以及它們在菩薩道修學中的重要性，是修學《道次第》應有的基本認知。

「菩提心為因，悲為根本，方便為究竟。」《大日經》的這句話，扼要概括了大乘的修行要領。「悲為根本」說明大悲心在大乘菩薩道的核心地位。大乘佛教的殊勝，主要體現在大悲心行的成就。由菩提心為因，方能成就圓滿大悲，否則往往只是小慈小悲，而非佛菩薩的同體大悲。至於「方便為究竟」，是說明通過方便才能抵達圓滿佛果。這裡所說的方便，主要指六度四攝。

關於成佛的修行，《道次第》提出兩大要點。

首先，應有正確的方便。就像擠牛奶，必須知道在哪裡擠，若於牛角用力，安能見效？修行同樣如此。若無行之有效的方法，終是徒勞無益。很多人修行不得受用，正是因為採取的方法似是而非，或是用不起來，或是用心出偏，最終導致操作失誤。其次，方法要完整，即因緣具足。如若不然，修行成就往往是片面的。唯有圓滿之因，方能成就圓滿佛果。

大乘菩薩道的修行，無非是成就悲、智兩種品質。我們認識到佛陀的品質特徵，也就知道修行的重點是什麼。一切修行都是圍繞結果展開，正如我們想收穫什麼，必得先播撒相應的種子，所謂「種瓜得瓜，種豆得豆」。同樣的道理，我們要成就佛陀的品質，就必須在因上努力。

佛菩薩所具有的大悲和大智，決定了修行必須在方便與慧兩方面入手。佛陀乃「福智二足尊」，由般若成就一切種智，方便成就無量福德。《道次第》所闡述的方便與慧缺一不可，便是建立在這一前提上。

各教派在建構自宗修行時，往往會有不同的立足點。《道次第》在論及「方便與慧，隨學一分，不得成佛」這部分內容時，是以大乘和尚及當時流行的一些相關思想為反面教材。

二、大乘和尚與蓮花戒的辯論

吐蕃時期，大乘和尚摩訶衍（支那堪布）從敦煌一帶前往西藏弘揚禪宗。他所弘揚的用心方式，是直接從無分別入手，認為一切分別皆屬妄心作用，修行可直接由無分別契入，從而頓悟本心，見性成佛。另外，大乘和尚還提出：見性即可具足一切福德，無須布施等方便。當時，大乘和尚在西藏很有影響，故此說流傳廣泛。後來藏王聽取一位大臣的意見，前往印度迎請蓮花戒論師赴藏，並組織了辯論，結果大乘和尚的觀點未被認可。

此後，大乘和尚弘揚的禪宗雖被當局禁止，其觀點在藏地卻仍有影響。此外，寧瑪等宗派在修行方法上和禪宗也有相似之處。寧瑪是藏傳佛教最古老的宗派，影響甚廣。宗大師一再批判大乘和尚，或許還隱含著對寧瑪的批判。論中除列舉大乘和尚之說外，明確指出：「然至今猶有一類輕持戒等諸行者，於修道時捨棄彼等。」在宗大師所處的時代，藏傳佛教已產生諸多流弊，不僅有僧人參與政治，亦有個別依血統和家族承繼法脈，使神聖的宗教生活出現世俗化傾向。因而，僧團魚龍混雜，良莠不齊。在這樣的歷史背景下，宗大師積極倡導戒律和道次第以整頓時弊，為藏傳佛教開創了新的發展契機。他所創立的格魯派，意為「善規派」，這一稱謂也反映了宗大師大力宣導的修學風範。

《道次第》中，宗大師還引用另一個觀點，即「又有一類除謗方便外，見解亦同彼，及諸餘者捨以分別慧，求真實之見，而許彼之任何不思為善明矣」。藏傳佛教中，大圓滿和大手印的修行，都直接從「無造作的用心」入手，由此契入心的本質。這些修行理路和禪宗很相似，與格魯派的修學方式卻相差甚遠。所以，這一批判或許也和大圓滿、大手印的修行有關。「捨以分別慧，求真實之見」，在修學上不具有普遍的引導意義，甚至可能導致各種流弊，故宗大師在此特別提出批評。

我覺得，在以上所說的這些修行體系中，格魯派建構的道路較為穩妥，既適合大眾修學，也有利於佛教的健康發展。而禪宗、寧瑪等宗派提倡的高層次觀修，並不具有普遍意義，若片面提倡，也不利於佛教整體的健康發展。從這個意義上說，《道次第》的建構確實意義重大。

三、從法義上辯證

《道次第》從法義上對大乘和尚及當時藏傳各宗流行的類似觀點進行了批駁，主要分為四個方面。

1．**從無住涅槃而言**。大乘菩薩所成就的是無住涅槃。所謂無住涅槃，即不住生死、不住涅槃，故須具備悲、智兩個條件，所謂「悲不住涅槃，智不住生死」。因悲心所感，故不住涅槃；因慧力朗照，故不住生死。本論以佛菩薩所證得的無住涅槃，證明菩薩道的修行乃方便與慧的統一。

2．**廣引諸經，說明方便與慧缺一不可**。如《祕密不可思議經》云：「智資糧者，是斷一切煩惱也。以福資糧者，是長養一切有情也。世尊，以是因緣，菩薩摩訶薩當於福智資糧而精進也。」菩薩不僅要積集智慧資糧，以此斷除煩惱，也要積集福德資糧，以此利益眾生。所以，菩薩對於方便和智慧的修習不可偏廢。

又如《無垢稱經》（即玄奘異譯《維摩詰經》）云：「諸菩薩之繫縛云何，解脫云何？答云：無方便攝之慧者繫縛也，方便攝之慧者解脫也；無慧攝之方便者繫縛也，慧攝之方便者解脫也。」辯證指出了方便與慧的關係。作為菩薩，若缺乏圓成佛道的方便行，將被繫縛於二乘的涅槃境界中。成就空性慧，兼具圓成佛道的方便行，方能成就無上佛果。同樣，菩薩如果只有布施等方便行而缺乏空性慧，也永遠無法從凡夫心中擺脫出來。具備布施等方便行，又通達空性慧，方能成就究竟解脫。

其後，《道次第》更引《象頭山經》、《道炬論》等諸多經論進行闡述，說明在菩薩道的修行中，須方便與慧齊頭並進。

3．**破斥「以修施等未通達空性，若通達空性則不必修施等方便行」的觀點**。有觀點認為，之所以修習六度，只因尚未通達空性。換言之，若已通達空性，便毋須再修。持此觀點者認為，空性已具足一切功德，何必再修六度萬行？

《道次第》中，宗大師針對這一觀點作了破斥：「倘作是想，修學施等諸行者，是無堅固通達之空性，若有則足矣。設如是者，則已得初地等諸佛子，及特於無分別智獲得自在之八地菩薩，當不須行。然此非應理。十地菩薩，雖各地以施等而為主要，然非於餘等不行也。」證得空性並非一了百了，十地菩薩的每一地，都應修習十度。只是在不同階段有所側重，如初地重在布施圓滿，二地重在持戒圓滿，三地重在忍辱圓滿，如此漸至十地。

關於六度的修行，唯識經典談得較為全面：地前菩薩固然應修六度，地上菩薩同樣應修六度。不同的是，地前修習六度是建立於妄識的基礎上，而地上修習六度則是建立在勝義菩提心的基礎上。

4．**破斥「於施等不分別，無緣之施即圓滿矣」的觀點**。持此觀點者認為，如果布施時能做到三輪體空，於能施之我、所施之物、受施對方皆不起分別，不僅布施獲得圓滿，還能同時具足六度。針對這一觀點，宗大師從以下幾方面進行了破斥：

「則外道於心一境性之止中平等住時，亦無耽著故，當全一切波羅蜜多。」若於境界不起執著，那麼，外道安住於心一境性時，也應當能具足一切功德。

「又別如《十地經》說，雖聲聞獨覺，亦有於法性無分別智，於彼平等住時，當全一切菩薩之行，成大乘也。」聲聞、獨覺也能證得無分別智，所謂「三乘同坐解脫船」。但聲聞因證得空性而不分別、不執著，並不意味著他們已經圓滿布施等菩薩行。

「若因經說，一一度中便能攝六，即以為足。則獻壇供，亦說塗牛糞水之行施有六，唯為彼而應理耶？」若任何一度都含攝六度，那麼，獻壇供和塗牛糞水也能具足六度嗎？顯然是錯誤的。論中又進一步舉例說明：「譬有慈母，因愛子死，為憂所苦，與餘談說等時，任起何心，而憂惱之勢力不滅，然非一切心皆是憂心。」如同母親痛失愛子，這種憂悲苦惱的情緒勢必影響到她所做的每件事，但不能說，此間現起的一切心所皆是憂愁。因為做每件事都有不同心所在活動，吃飯有吃飯的用心，說話有說話的用心，走路有走路的用心。雖然一切行為都籠罩了憂愁的色彩，但並不等於憂愁取代了一切心所的活動。所以說，僅僅修習布施就等於具足六度的觀點是沒有根據的。

四、對所引經典的分析

大乘和尚等人所持觀點亦非自創，也廣引八十種經典進行論證。事實上，經典對分別與無分別都有讚歎。這代表兩種不同層次的修行，同樣是有經教根據的，並不是說，無分別都是錯誤的。若將一種方法極端化，容易偏離中道並出現弊端。那麼，宗大師對大乘和尚所引經論又是如何解說的呢？

1．六度與執著

在凡夫的心行上，很難將六度和對六度行的執著分開，但這代表著兩個層面的心行。針對凡夫在修習布施等善行過程產生的執著，論中引《寶論》云：「或又說言，雖成善趣之因，施戒諸善亦是生死因，不成菩提之因，此當平心而論。又於經說，於施等六度現行耽著，是魔之業。」又引《三蘊經》云：「由墮所緣而行布施，及執戒為勝守護戒等，彼等一切皆當懺悔。」

此處引用當時的一些觀點，認為若對六度產生執著，即為生死之業。如果我們對善業有所執著，就是人天小果，有漏之因。但此「魔業」並非惡業，而是生死相續之因。只要我們還輪迴於生死，便超不出魔的控制，故云「魔業」。

本論還引《三蘊經》言，若修布施時，心住於能施、所施、施物之所緣，則應懺悔。關於住相的布施等善行，《金剛經》亦云：「若菩薩心住於法而行布施，如人遇暗，則無所見。若菩薩心不住法而行布施，如人有目，日光明照，見種種色。」可見，是墮或不墮，如人遇暗或如人遇日光明照，區別就在住與不住之分。持戒也是同樣，若執著持戒功德，也是住相，即應懺悔。

有些人看到「墮所緣」，或執著六度即為魔業，往往不能正確理解，誤解為不必持戒及修習六度。聽聞達摩稱梁武帝「並無功德」，更以為不必積集功德。問題何在？便在於「墮所緣」即住相。祖師並未說六度為生死業，關鍵在於是否住相。但一般人卻師心自用，片面否定布施等善行，以為證得空性便能解決一切問題，其他善行皆無須再做。故宗大師在此告誡我們：判斷魔業的標準，並非行為本身，而在於內心是否執著。《道次第》又根據這一錯誤理解作了引申，深入批駁了此類觀點。

引申之一：不可將善行等同於法我執（即對六度的執著，主要指前五度），因為法我執和布施、持戒是二而非一。法我執是我們在修布施、持戒時投射的我執。做事過程是緣起的，若覺得其中有「我」在做，並對所做之事生起得失觀，這些附加的心行才是法我執。事實上，法我執和布施行並非一體，只是對凡夫而言，因始終處於遍計所執的世界中，在心行上很難作出區分，將六度和執著黏到一起糾纏不清。而對於訓練有素者，完全可以釐清兩者的關係。通常，修行主要是通過滅除貪嗔痴而證得法無我。若將布施等善行等同於法我執，則善心、善行也屬執著範疇，這就意味著在證得法無我、滅除貪嗔痴的同時，善品、善心、善行將一併滅除。

引申之二：若以一切善念分別等同於法我執，那麼，在思惟暇滿、念死或修習慈悲及菩提心的同時，法我執也應隨善業一同增長。事實並非如此，若帶著強烈我執修行，的確會出現越修執著越重的現象。但以空性見為指導，在善業增長的同時，絕不會帶來任何負面作用。再以前面的道理類推：若法我見將隨著善心、善行增長，那麼，成就法無我見（我空、法空的智慧）時，過去所修善法是否會隨之減少呢？方便和般若智本是相輔相成的，若將善行等同於執著，便意味著方便行和空性見構成了對立。

佛陀成就的色身和法身，皆來自因地的修行。修布施時，布施行可成就莊嚴的應化身及報身。而在般若指導下，了知布施如幻如化，了不可得，又可藉此契入空性，證得不生不滅的法身。所以說，既不否定緣起因果，又通達無自性空，方能圓滿佛果的色身和法身，兩者是相輔相成的。若任缺其一，如見性而不修方便，則無法成就圓滿色身，所以聲聞人灰身泯智，證入涅槃。佛陀之所以具足三身四智，正是由於在因地上既重視利益一切眾生的方便，又通達這些利生事業的無自性空。

宗大師再引二諦之理進行說明：「以教理正之，於一切世出世法之本體中，抉擇無有塵許之自性成就，而安立勝義之量，與因果法亦不爽毫釐，別別決定安立因果名言之量，二者彼此互助，豈成能損所損者哉。於此若得決定，則可稱為通達二諦之義及得佛意者也。」無論世間法還是出世間法，皆無絲毫自性。一方面安立勝義，即自性了不可得；一方面安立因緣因果之假相，於因果法不爽毫釐。若將方便和般若對立起來，或將緣起因果和無自性空對立起來，都是錯誤的。

2・緣起法與佛道修行

下面提出另一話題：某些人認為，證得無分別智（空性）是不假因緣的，這也是對無緣的錯誤解讀。法不孤起，仗緣而生，定和慧的成就也不例外。就這一問題，《道次第》同樣引用諸多經教進行說明。《佛說如來不思議祕密大乘經》亦云：「善男子，譬如烈火，從因而燃。因若無者，則當息滅。」火的燃燒需要空氣和木柴等因緣。若是因緣不具備，火焰便會熄滅。

以格魯派的觀點來看，佛陀的一切品質皆因緣所成。但因緣有善緣和惡緣之分，所以，有些因緣應當成就，有些因緣則應息滅。那麼，如何進行抉擇呢？《道次第》指出，自性見為應當息滅的惡緣，而大悲心、菩提心、六度萬行則是應當長養的善緣。同時指出，對不同的緣應採取不同處理方式。於煩惱須緩，於性罪、遮罪應徹底捨棄，於修習善行、成就佛道則應積極進取。

總之，對當時存在爭議的各種思想，宗大師皆一一進行審查，並引蓮花戒阿闍黎之說作為總結，說明什麼該破，什麼不該破。

關於分別、無分別的問題，宗大師也指出，某些情況下的某些無分別也是不應破除的：「謂住於抉擇勝義之見上，於餘任何亦不作意，專注一趣而修者，非其所破。若非住於抉擇勝義理之見，而心不行動，任何亦不分別而住，為修空性者，是所破也。」見道，應現量而證，此刻的無分別便不能破除。格魯派認為，無分別唯有在此時方可起用，且須以分別無我慧為基礎，方能成就無分別智。至於大乘和尚所說的直接從無分別入手，則是格魯派不認可的。

佛法浩如煙海，博大精深。正確認識成佛必須具足的條件，準確把握佛法要領，並不是簡單的問題。正因為如此，一些宗派在建構自宗修學體系時，或是忽略了基礎建設，或是片面強調某一方面而忽略其餘，從而阻礙佛果的修行和成就。宗大師在《道次第》中所提出的「方便與慧，成佛缺一不可」，對於修行具有重要意義。

《道次第》與唯識修學

——二〇一〇年秋為唯識學專業研修生開示

為什麼先學《道次第》

唯識專業的學習，之所以先安排《道次第》這門課，是很有深意的。在佛法各個修學體系中，唯識體系邏輯縝密且思辨性強，所以，對唯識的學習容易流於哲學化和知識化。即使下功夫把相關論典讀下來，也往往停留於書本，很難得心應手地用起來。這樣的學習，即使研究得再深入，終歸是隔了一層，不是自家寶藏。

民國年間，著名的唯識學者有歐陽竟無、熊十力、梁漱溟、梁啟超等，都是一流的頭腦，但他們的研究也是偏向哲學式的。為什麼會這樣？難道唯識僅僅是一門學問嗎？這就涉及到一個方法問題：我們究竟應該怎樣來學唯識？

依唯識正見建立的修學體系，包含境行果三部分。在本宗重要論著《唯識三十論》中，前二十五頌是說明境，第二十六到二十九頌是闡述行，最後一頌是關於果。而在《辯中邊論》、《攝大乘論》、《解深密經》等經論中，同樣是依境行果建構修學體系。但我們在學習唯識時，往往偏重見的部分，而忽略行和果。再或者，把行和果也當作知識來學，以為掌握法相概念即可。這些問題的根源，就在於我們對修學缺乏整體認識。

對佛法修學來說，有一些是繞不開的共同基礎。比如《道次第》所說的道前基礎，就是幫助我們建立正確的修學模式，教導我們如何親近善知識，如何認識暇滿人身的重要意義等。再如三士道的不同重點，對三寶的信心、出離心、菩提心等，這些內容在《瑜伽師地論》也有詳細說明。

那麼，我們為什麼不直接學習唯識經論？原因在於，唯識經論的表述方式較為複雜。如果不具備相當的佛學素養，學起來會有一定難度。而宗大師在《道次第》中建構的修學套路，其特色就在於簡明、清晰、易懂。掌握這個套路，就能對修學次第和個中要領成竹在胸。尤為可貴的是，在《道次第》的套路中，每個環節都將教和觀緊密結合起來，避免了學法過程中可能出現的偏差。

從《道次第》的建構來說，很多思想都來自唯識經論。如果你們認真聽了我講的「《菩提道次第略論》系列講座」，再學唯識就會容易很多。所以說，通過對本論的學習，可以為我們今後學習唯識打下一個堅實基礎。

雖然你們在這裡已經聽過我的很多課，但這樣的聽是不是很主動呢？是不是有進一步的思考和薰習呢？如果學得不深入，於法就難以真正相應。

我們目前在各地開辦的「道次第學習班」，修學效果很好。多數人都能通過短時間的學習，對佛法生起極大信心，從觀念到心態也有顯著改變。之所以能達到這些效果，關鍵就在於學得專一，學得深入。

關於《道次第》的學習，我給他們提出了十二個字。在態度上，是真誠、認真、老實；在方法上，是理解、接受、應用。把這幾點做到位，必然能從修學中得到受用。

真誠、認真、老實

首先，要端正態度，做到真誠、認真、老實。

所謂真誠，就是真誠面對生命存在的過患，意識到自己是充滿迷惑煩惱的凡夫，是輪迴的重病患者。唯有看清這些問題，我們才能本著治病的心態來修學，否則，學佛可能只是生活中的一種點綴，一種姿態，甚至是一種偽裝。我們不僅要真誠面對自己，還要真誠地面對法，面對法師。就像急切期盼康復的患者那樣，把法當作療病的良藥，把法師當作救命的良醫。

所謂認真，就是扎實、深入地學習《道次第》。學院式教學的最大問題，就是把佛法當作知識來學，多方涉獵，淺嘗輒止。加上平時缺乏討論，即使學得不到位，也不容易發現問題。但這樣學到的佛法是概念式的，就像藥物的包裝，雖然印著藥的名稱、成分和療效，但本身並沒有實際內容，自然也無法用來對治煩惱、轉變心態。最後，佛法是佛法，我還是我。結果就會越學越沒有信心。對於《道次第》的學習，希望你們在一百多講的影音上好好下功夫。這不僅反映了我對佛法的思考和理解，同時也圍繞大眾修學中常見的各種問題來闡述。如果真正聽進去，就能在學習的同時，掌握一定的弘法能力。不過，僅僅聽一遍是沒有多少作用的。那些學得比較好的學員，通常會聽三到五遍，比較用功的甚至會聽十遍，這才叫認真。

所謂老實，就是不要四處涉獵。作為研究生的學習，除了聽《道次第》的影音資料以外，可以適當看些相關書籍。比如關於皈依的《皈依修學手冊》，關於七支供的《普賢行願品的觀修原理》，關於菩提心的《認識菩提心》和《菩提心的修行》，同時也可參考一些藏傳大德的相關開示。在學習過程中，一個問題、一個問題地落實，一個環節、一個環節地推進。你們現在的任務就是專心修學，所以，每學一本經論，不僅要學透，要能夠寫論文，關鍵還要能夠運用，這樣才能真正完成我們的修學任務。

這些態度，決定了我們能否學好這部論典。

理解、接受、運用

其次，是要掌握方法，從理解到接受，從接受到應用。

所謂理解，包含著八個層次。

第一，讀懂《道次第》的每句話和每個概念。

第二，理解每個段落和章節所蘊含的深意。

第三，帶著問題學習。任何論典都是由若干問題組成，比如怎樣聞法，關係到我們能否將法落實到心相續中，以此改造生命。而暇滿、義大、難得是告訴我們人身的重要性，幫助我們建立與法相應的人生觀和價值觀。至於念死無常，則是通過對死亡一定、死期不定等問題的憶念，幫助我們如實看待死亡，進而對三寶生起至誠皈依之心。在學習過程中，我們必須認識到，這部分內容究竟要說明什麼問題，宗大師又是以什麼方式進行說明。學《道次第》，其實就是學習本論對這些問題的認識，並將這些認識落實到心行，轉化為自己的認識。

第四，了解《道次第》所說的這些問題和人生有什麼關係。學習佛法，一定要將法和人生結合起來，這樣才能使佛法從空中落地，落到我們的心地，進而產生作用。否則，即使知道《道次第》怎麼講，《金剛經》怎麼講，《行願品》怎麼講，但只是佛菩薩的境界，是經典的說法，和自己是不相干的。就像很多學者，總是以一種超然物外的態度在學習，即使學上幾十年，佛法還是佛法，自己還是自己。這樣的學習，絕不是一個學佛者應有的態度。

第五，學會用佛法的觀念看待實際問題。比如暇滿人身的重大意義，對於這樣的人生觀和價值觀，我們能否理解，能否接受？再如佛教所說的無常無我，究竟是不是世間真相？我們需要去思惟，去檢驗，去消化。唯有這樣，佛法才能真正成為自己的認識。

第六，依佛法正見擺脫不良串習。無明造就了我們現有的凡夫品質，而正見所造就的，則是聖賢的品質，是解脫的人格。這是非此即彼的兩個選項。如果沒有正見，我們必然活在無明衍生的錯誤觀念中，由此帶來煩惱，造就輪迴。通過對《道次第》每一部分的學習，我們都要把其中闡述的佛法正見運用起來，以此替代原有的錯誤認識，這是修行非常重要的一步。

第七，不斷重複正確心行，以此強化正念。

第八，完成生命品質的改變和提升。

各地《道次第》班的修學，都是圍繞這樣一個思路進行。對一部論典反覆聞思後，再以禪修進行深化。這是佛教傳統的修學方式，事實證明，也是最有效的修學方式。道宣律師學律時，聽智首律師講《四分律》達二十遍。以他老人家的智慧，尚且要反覆聽聞，何況身處末法的我們呢？可事實上，現代人最突出的問題就是四處追逐，淺嘗輒止。雖然掌握的知識點很多，但哪一點都不深入，哪一點都用不起來。最後，總是在這些點上來回穿梭，忙來忙去，還是原地踏步。

希望通過學習《道次第》，你們能培養一種良好的學習方法。按照這套方法老實做下來，必能為未來修學奠定一個良好基礎。如果只是泛泛地學一學，是學不到心裡的，也是沒有真實力用的。

你們現在是專業學佛，這種條件是社會上的居士無法比擬的。他們要承擔工作、照顧家庭，事務很多，障緣很多，需要排除各種困難來學習。如果你們的學習效果還比不上他們，就太說不過去了。

對學習進行規畫

目前，大眾修學主要存在兩個問題，一是缺乏良好的氛圍，二是缺乏有效的引導。根據這一實際需要，我們現在形成了一套三級修學模式。

初級修學，是以人生佛教為基礎，以信仰建設為中心。

中級修學，是以《道次第》為基礎，以菩提心為中心。

高級修學，是以正見為基礎，以止觀禪修為中心。

我們的初級班叫同喜班，中級班叫同修班，高級班叫同德班。所謂同喜，是大家因為學佛改變觀念，從迷惑束縛中解脫出來，共同分享法喜。所謂同修，是共同修學菩提道。所謂同德，是共同證得佛菩薩的功德。

對於修學來說，關鍵是抓住重點。我們需要對此進行規畫，按照課程時間，把《道次第》分成若干部分，然後圍繞這些問題制定進度表。比如道前基礎中，有關於聞法的問題，關於本論傳承的問題，關於暇滿義大的問題，關於依止法的問題。下士道中，有關於念死無常的問題，關於念三惡道苦的問題，關於皈依三寶的問題，關於深信業果的問題。中士道和上士道，同樣是由各個問題組成。

同修班的方法，是圍繞每週兩講的內容形成討論輔導材料：學習這部分之前，要圍繞哪些重點去思考，又要通過學習獲得什麼認識。然後還要檢驗，應該掌握的問題掌握了沒有？應該具備的認知具備了沒有？這樣學下來，每個環節都能一一落到實處。

我們這裡的學習，重點在於討論。通過討論，既可以交流對本論的理解，又可以分享學修的心得。

如果存在疑問，也可以提出來和大家一起探討。在學習、分享的同時，我們還要對自己進行省思，發現需要糾正的偏差或不足。

討論不是聊天，這就需要制定相應規範，需要有人主持。每次可以由一兩位作主題發言，對所學內容進行介紹。如果介紹得不完整，其他人可以進行補充。然後，大家依次闡述自己的理解和體會。

在集體討論時，很容易偏離主題，所以我們要抓住重點，一方面是以自己的人生為參照點，一方面是以所學的教理為參照點，而不僅僅是停留在字面上。這就需要對照自身心行來檢驗，看看學佛之後有什麼改變。現在各地《道次第》班之所以學習效果較好，分享就是其中的重要因素。在分享過程中，大家都會感到彼此的進步，因而法喜充滿，相互增上。

我們幾個助教也要多用心，這對你們來說也是一個促進，是一個增上緣，所謂教學相長。「西園論壇」上有很多學員的分享，你們也要經常去看看，感受一下這種氣氛。其中不少人學佛時間並不長，但對佛法很有信心，改變非常明顯。相比之下，很多佛學院的學生反而木木的，似乎聽什麼都沒多少感覺，沒多少觸動。

問題在哪裡？關鍵是就在於學習方法的差異。所以我們要對此引起重視，方法掌握了，學起來才能事半功倍，身心受益。

將佛法落實心行

我們所用的學習材料中，有一本《道次第之道》，前面八九篇都是我對各地「道次第班」所做的相關開示，從不同角度對《道次第》作了綱要性的總結。從這裡入手，可以在短時間內把握本論的核心思想和修學理路。重點掌握了，學習每一部分時就能知道它在整個修學體系中的位置，以及承前啟後的關係，做到環環相扣，步步深入。

比如《道次第修學意義》，雖然講的是《道次第》，其實代表我對整個佛法修學理路的思考。當然，你們現在學習時間尚短，有些深度領悟不到，但只要認真聞思，總會有不同程度的體會。《道次第修學漫談》主要闡述學習的方法；《道次第修學地圖》是對全論進行梳理，起到地圖那樣的標示作用；《道次第修學要領》主要說明目標、建構等綱領性要素；《道次第實修理路》則說明在每一部分修行中，都包含加行、正行、結行、未修中間的套路。修依止法，憶念善知識功德就是正行；修念死無常，憶念死王必來和死期不定就是正行。

《道次第》非常重視觀察修，即通過如理思惟調整觀念，將佛法從書本落實到心行。這一理路也是唯識所說的從四尋思到四種如實智。當我們能以佛法智慧對世界進行重新審視，就能改變認識，消除建立無明之上的妄想、執著和煩惱。通過思惟獲得佛法正見之後，還要依正見作觀照般若，通達實相般若。在學習《道次第》的過程中，對每個問題的思考，都在幫助我們解除修學路上的障礙，直到接近智慧大門時，再做空性觀修，就有的放矢了。

在學習中，重點還是要聽光碟，要反覆聞思，並結合自身心行去思考。我希望，大家通過對《道次第》的學習，能在認識和方法上打下一個良好基礎，這才是我們的首要任務，而不是把寫論文放在首位。當然，作為研究生的學習來說，文章必須寫，但不要本末倒置。因為學佛的根本目的是改造生命，我們自己嘗到法味了，再把這些體會和別人分享，才能真正地自利利他。

三藏十二部典籍說的就是我們的心行，只是闡述的角度和方式不同。當你看不透自己時，或許會眼花繚亂；當你看清自己時，一切都瞭若指掌。比如我們了解這張桌子，不管人家怎麼解釋，你都很容易明白。如果根本沒有見過這張桌子，僅僅聽了很多關於桌子的不同描述，就自以為是地進行研究，不過是根據妄想在分別。分別來分別去，結果還是妄想，而且會在妄想中越陷越深。

所以，學佛一定要落實到心行上。真正的見性、解脫，其實也不是那麼困難。佛陀在世時，很多弟子在佛陀開示下，很快就得法眼淨，證解脫果。我們現在學了很多論典，卻越學妄想越多，分別心越重，就是因為學得不得要領。從自利利他的角度來說，多學一點也可以，但關鍵要有正確方法。

對於我們研究所來說，研究生團隊的建設是關鍵，也是研究所未來發展的骨幹力量，希望大家一起努力。

《道次第》修學札記

——二〇〇四年春講於戒幢佛學研究所

《道次第》的思想淵源

藏傳佛教的後弘期是由阿底峽尊者開創，其思想對藏傳各宗派有著深遠的影響。其後，弟子仲登巴創立噶當派，弘傳尊者教法。三百餘年後，宗喀巴大師應世，使尊者法脈得到更為廣泛的弘揚。

宗大師出現的時期，藏傳佛教出現了諸多問題，僧人戒律廢弛，不戒酒色，入世參政。宗喀巴大師繼承阿底峽尊者的遺風，重戒律、重聞思、重道次第、重顯教基礎，使僧團的混亂局面得以整頓，被稱為藏傳佛教的改革者。從教義上說，《菩提道次第廣論》的整體建構，基本是以尊者所造《道炬論》為依據。當然，三士道的次第在《道炬論》只是簡單論及，而《道次第》則以此為核心內容。同時也繼承《道炬論》重視戒律、重視聞思等思想，在《道次第》中又做了更進一步整合。因宗大師與尊者的思想淵源極深，故他所創立的格魯派又被稱為「新噶當派」。

義淨三藏在《南海寄歸傳》中說：「所云大乘無過二種，一則中觀，二乃瑜伽。」《道次第》正是繼承了這兩大思想，即中觀空性見及瑜伽廣大行，又稱深觀、廣行。如《道次第》三士道、奢摩他等部分內容，主要來自《瑜伽師地論》和《解深密經》；而「觀」的部分，則以中觀應成見為了義。

格魯派十分推崇《般若經》，認為《般若經》乃最究竟了義的經典，故以緣起性空抉擇一切，認為凡與「無自性」之說相違背的，都是方便說。而根據宗大師的修學經歷，與彌勒五論和無著菩薩的論典也有極深的思想淵源，還很重視陳那論師的因明論典。按格魯的教法，認為《般若經》也蘊涵廣行的思想，並由彌勒和無著菩薩將其挖掘了出來。《現觀莊嚴論》是彌勒菩薩為《般若八千頌》作的注解，為格魯派必修的五部大論之一，是建立中觀見的根本論典。

中觀和瑜伽的依據典籍有別。中觀主要依據般若體系的經論，而瑜伽則依據《解深密經》及《瑜伽師地論》等經論。同樣論及一切法無自性，中觀和瑜伽的理解卻有所不同。中觀是以二諦作為說明，瑜伽則以三性作為說明。中觀說的無自性，是層層掃蕩，一空到底；而瑜伽說的無自性，「無」的只是遍計所執，並非什麼都「無」。《道次第》中，對瑜伽唯識的思想是有取捨的，只繼承菩薩行的部分，對不符合中觀見的內容進行了批判，如批判八識（龍樹只講六識）、自證分的思想等。

關於依止法

依止法，即如何事師，乃入道之根本。因為學佛不僅要聞思經教，更在於行佛所行，故需師長的言傳身教。

關於事師的問題，原始佛教已有這一傳統，戒律便有「五年學戒，不離依止」之規，就是五年內不能離開依止師獨住。有善知識的指點，我們才能了解佛陀宣說的法義，了解如何依法修行。世人學藝尚須拜師，何況我們是要修行、解脫、成佛！我們學習教理，需要善知識闡揚法義，否則，或是不得其門而入，或是走入師心自用的誤區，或是從概念到概念，無法落實於心行。我們修習止觀，更需要明眼人引領指點，若僅靠自己摸索，往往幾十年都懵懵懂懂地在昏沉或掉舉中虛度，不得用心要領。所以說，從知見的獲得，到僧格的養成，再到心行的契入，都離不開善知識的耳提面命。

那麼，善知識的標準是什麼？本論引《莊嚴經論》云，「知識須具戒、定、慧、德勝、精進、教富饒、通達真實、善說法、悲憫為體、斷疲厭」十種條件。如果尋訪不到具備全德的上師，達到一半條件也可依止，因為「具三學、通真實及有悲心」這五點是基本條件，也能令弟子生信。

擇師時，我們應該對上師仔細考察。因為依止善知識的過程，是將自我融於法的過程。按照標準，真正的善知識和法是統一的。但現實生活中，人和法可能會有或多或少的距離。若距離太大，就會使我們的法身慧命受到影響。所以擇師是有底線的，必須符合最基本的標準。能否跟隨具格善知識修學，也關係到我們的福德因緣。若非宿世善根，很難有值遇良師的因緣。

一旦確定上師後，則應常隨左右，不違依止。按密宗的觀點，應該視師如佛。之所以讓弟子這樣觀想，在修行上確有特殊意義。因為每個人看問題都有一定的局限性，若是完全符合自己的感覺才能生起信心，往往會坐失良機。因為凡夫的感覺極不穩定，且易受環境影響，更兼得隴望蜀之通病。於是乎，到處跑來跑去，末了卻一無所獲，這樣情況在教界也很普遍。

另外，上師所應具備的標準，是我們擇師時的尺度，而非找尋上師過失的標準。若對上師生起尋過之心，本身就是典型的凡夫心。反之，當我們觀察上師的功德時，自身功德也隨之增長。這一點，正是《普賢行願品》闡述的觀修原理：當我們全力觀想佛菩薩的功德時，自身就會融入這種無限功德中，從而將凡夫心逐漸消融。這是普賢行願的修行中非常重要的用心方法。

對善知識功德生起淨信，既來自如法的觀修，也來自其德行和修證，並非盲目崇拜。當然，很多標準是有彈性的，並不是說在任何情況下都必須對師父百依百順。如果師父帶著徒弟做不如法的事，戒律中也有明確規定，告訴我們應以什麼態度來應對。

在修依止法的過程中，既要意識到依止善知識的意義，淨信為本，念恩生敬，如法依止，同時要慎重擇師，依法修行。

如何成為具格弟子

作為弟子，應具備「質直、具慧、求法義」三項條件。質直，即沒有偏執和成見；具慧，即具有一定的理解和接受能力；求法義，則是希求佛法的意樂。否則的話，帶著原有的標準和成見來接受佛法，學到的就是自己加工過的觀念，而不是佛法本身。故應以清淨心和恭敬心聞法，不攙雜任何水分，這樣才能如實接受佛法。

學佛者大體有兩種類型：一是隨信行，一是隨法行。前者多是直接由信仰或感性認識而產生信心，後者往往是在解決法義疑問的過程中，逐漸對善知識生起信心。至於信到什麼程度，兩者也有所區別。隨信行的人，多在短時間內就能生起強烈信心；而隨法行的人，則須跟隨師長的步步引領，突破一重重疑惑，抵達一道道境界，信心才能隨之堅定。不論何種根機，認準善知識後，都必須念恩生敬。我們親近善知識，並不是為親近而親近，而是為了抉擇法義，解決生命問題。

信和敬，是學佛者必須具備的重要品質。經云：「信為能入，智為能度。」可見信對於學佛的重要性。如果我們對善知識未生淨信，自然不會毫無保留地信受上師所言。即使聽了法，也會生起種種妄想和疑問，不會放在心裡，更難以依教奉行。目前的佛學院中，這一現象較為普遍。因為學生對老師沒有信心，雖然學了幾年，信心、道念往往未進反退。而對佛法和善知識的恭敬，也是學佛的增上緣。面對自己非常尊敬的師長時，我們的心就很容易保持清淨。反之，面對自己無所謂甚至瞧不起的人時，我們的心就很容易陷入散亂或妄想中。《普賢行願品》十大願王之首即為「禮敬諸佛」，這一禮敬並非針對一佛、二佛，而是將所有微塵都觀想成佛菩薩並一一禮敬。若能這樣觀修，內心自然會保持清淨。當我們具足清淨心時，本身就是最好的修行。

由此可見，選擇具格上師固然重要，但還需要將自己調整為合格的法器。如果將善知識傳授的甚深佛法比做甘露，那麼我們就是接受甘露的容器，它必須清潔、無漏、向上，才能承載全部甘露而不染汙，而不漏失。

下士道修學中的注意事項

下士道的重點，是發起希求後世利益之心。

從追求現世樂轉向追求後世樂，乃下士道修行應有的認知。在此過程中，一方面通過念死、念三惡趣苦認識現世樂的短暫無常，一方面通過皈依三寶、深信業果、止惡行善完善下士道的修行。前者是理念，後者是手段。

念死和念三惡趣苦，都是為了幫助我們擺脫對現世的貪著。世人多以現世樂為重，甚至部分出家眾也不例外。不少人初出家時的確是為了追求真理、了生脫死，但時間一長，往往耽於寺院清淨、閒適的生活而忘卻曾經有過的追求，忘卻生死大事。

貪著現世樂，不僅要為此奔忙，更會引發無盡煩惱，甚至造作惡業。所以，《道次第》特別強調應「捨棄今生」，這句話給我留下了深刻印象。對於修行者來說，「捨棄今生」可謂意義重大。一般人或許會不解：「捨棄今生是鼓勵自尋短見嗎？」當然不是。它所要說明的是：唯有捨棄對現世幸福的貪著，才能與修行相應，才能脫離輪迴乃至成就菩提。反之，不僅成就無望，今生也未必過得自在。

因為貪著是引發煩惱的根源之一，就像布滿偽裝的陷阱，使我們被吸引的同時，不知不覺地身陷其中，蹉跎一生。

如何才能遠離貪著？必須真切地念死、念三惡趣苦。這種念，不是有口無心地說說而已，還須通過不斷觀修來鞏固。如果我們時刻憶念死亡的步步逼近，憶念惡趣的慘烈痛苦，如何還敢貪著現世的短暫快樂？同時，我們還要通過皈依三寶、深信業果、止惡行善培養增上善心，這是成就人天果報的基礎，也是修學佛法的基礎。學佛，無非是止惡行善。惡的心行能招感三惡趣苦，而善的心行將帶來人天善果乃至無上菩提的成就。

過去，我們總認為人天果報是有漏的，學佛者毋須追求。《道次第》對此提出了不同意見，認為暇滿人身乃成佛修行的基礎，並與佛果功德不相違背，為佛果功德所攝。當然，得到暇滿人身不是為了享樂，而是為了藉助這一身分修學佛法，成就解脫，乃至究竟圓滿的佛果。

對於佛法修行而言，下士道是基礎。正因為是基礎，所以格外重要。前些年，我講過《十善業道經》，主要圍繞因緣、業果對十善業道進行論述，也涉及解脫道和菩薩道的修行。因為解脫道和菩薩道的修行，同樣是以五戒十善為基礎。

將佛法概括為三乘或五乘，並非《道次第》所獨創。但宗大師在本論建構的，以出離心、菩提心、空性見為三主要道的修行次第獨具特色。其中，下士道和中士道屬於出離心的範疇。以念死、念三惡道苦、人天乘苦乃至苦集（苦因），逐步生起出離之心。無始以來，我們基於對五欲六塵的貪著，造作殺盜淫妄種種惡業，形成力量強大的凡夫心。如果步子一下子邁得太大，只恐欲速則不達，故應一步步走向究竟出離。而這些修行又必須建立在深信業果的前提下，因為生命是緣起的，有什麼行為就有什麼結果。

暇滿、義大、難得

暇滿、義大、難得是一體的，必須結合起來理解。其中，又以暇滿為前提。若不具備這一條件，即使得生為人，價值也不是很大。講到難得，不是為了「人身難得今已得」而自我陶醉，而是要加強我們對修道和求法的迫切感。至於義大，則是要我們充分認識這一身分的價值。每個人都有自己的價值觀，關於義大的認識，正體現了我們的價值取向。人生究竟有什麼價值？這是人們關注了幾千年的永恆主題。事實上，很多人非但不能有效利用它，反而成為它的奴隸，一輩子都在為生存奔波勞碌。

人身，有如我們擁有的一份投資，有必要對其價值進行全面評估。只有充分認識它，我們才能物盡其用地開發它，在最大意義上使用它。如果對自家寶藏茫然無知，很可能將無價珍寶誤作普通石子使用，豈不可惜？所以說，認識人身的義大、難得，目的在於發揮它的所有價值。

輪迴路上，生而為人已是莫大的幸運。遺憾的是，多數人往往對這一身分習慣得沒有任何感覺，可謂「生在福中不知福」。難得，應該是非常強烈的情感，而不是輕飄飄地說一說。如果只是鸚鵡學舌般將暇滿、義大、難得掛在嘴邊，絕不會得到真實受用。必須通過種種觀修來強化，並對照自身進行檢查，才能將這些觀念落實到心行中，成為修道的強勁動力。

國人多迷信養兒防老，尤其是農村，常常反覆求子，求啊求，終於求到個男孩。那才真是稀世珍寶般呵護著，就像俗話所說的「抱在手上怕摔了，含到嘴裡怕化了」。對業已擁有的人身，我們能否生起這種珍愛之心？無房戶苦心攢錢後購得新居會很興奮，失業者多方奔走後找到工作會很滿足，有情人歷經磨難後終成眷屬會很陶醉。事實上，這些「難得」同我們得到的人身相比，又算得了什麼？但我們對這個「難得而已得」的身分，是否感到興奮、滿足和陶醉呢？

認識到人身難得後，接著的問題是如何珍惜，如何有效利用。有些人會認為精勤道業才能告慰此生，也有人會覺得吃喝玩樂方不辜負今世，從而導致及時享樂的心態。所以，必須對「義大」有充分認識。世間很多東西雖然難得，價值卻不是很大。比如渴望兒子的人，千方百計求到個男孩，也是難得，但價值有多大？或許這個孩子將來連養育之恩都不知報答。再如喜愛收藏的人，傾家蕩產求得件古玩珍寶，也是難得，但價值又有多大？不過做了個暫時的保管員。全面了解人身的重大意義，才能對「難得」有充分認識。因為義大和難得是成正比的，如成為百萬富翁和成為世界首富，難得程度就有所不同。所以說，難得和義大也應當結合起來思考。

人身的價值，關鍵還在於我們所具有的無價寶藏，而這一點，往往為人們所忽略。雖然一切眾生皆具如來智慧德相，但六道中，唯有人道眾生才能開智慧、斷煩惱，才具備開發這一寶藏的功能和機會。從這個角度來說，成佛的價值有多大，人身蘊涵的價值就有多大。如果看不到這個層面，對難得和義大的認識終究是有限的。

認識暇滿人身的重要性，是我在最近幾次講座中經常談到的內容。以此作為契入點，是激發我們學佛修行的良好開端。如果不奠定這一認知基礎，往往會將佛法當作知識來學，甚至作為生活中可有可無的點綴，沒有切身感受，也缺乏前進動力。就像我們知道面前有座金礦之後，必然對學習開啟金礦的方法興趣盎然，唯恐坐失良機。否則，雖然也在學著這樣那樣的方法，卻不知道這些方法有何用途，可以得到多少利益，學起來就很難提起勇猛心，遇上挫折時也容易半途而廢。

認識到暇滿人身的義大、難得，關係到我們能否利用今生學好佛法。所以，暇滿人身的重大意義同依止法一樣，是《道次第》非常重要的部分。希望大家對這些問題加強觀修，並結合現實人生深入思考。

辯證看無暇

首先，不能以自性見看待這一問題，似乎無暇永遠是無暇，有暇永遠是有暇。當然，人和人是有區別的，起點更是不同。有些人善根深厚，從小就具有出世情懷，嚮往修行生活；也有些人必須歷盡生活磨難之後，才能引發對佛法和人生的思考。但後者同樣需要一定的慧根為基礎，否則也不會因此走上學佛之路。

人在一生的各個時期會有不同需求，而在滿足這些需求的過程中，往往會被塵世和接觸的事物淹沒，與芸芸眾生一道，於輪迴中隨波逐流。而慧根深厚的人，就不易被同化。即使在享受物欲時，慧根仍會偶爾現起作用，而不是被世俗生活消磨殆盡。當他們不滿於現有生活後，會認真反思並尋求答案，鍥而不捨地上下求索。而更多的人，一輩子重複著一成不變的生活，卻樂此不疲，從未想過這樣活著的意義是什麼。

當然，慧根也是可以培養的。偶然的機會接觸到佛法，種子從此埋到心中，終會有開花結果的時候，所謂「一聲南無佛，皆共成佛道」。

人生佛教和下士道的修行

有人提出：下士道的修行是重視來世的幸福，而人生佛教則重視現實人生的改善和幸福。兩者是否矛盾呢？

我們要知道，人生佛教所立足的人生幸福，也是多層面的。其中既有人天之樂，也有解脫之樂，而最終是以成就無上菩提、圓滿佛果為目標。含攝了由人成佛的整個修行，即太虛大師所說的「人成即佛成」。人天之樂只是其中人天乘的層面，事實上，人生佛教的內涵絕不止於此。

就現代人接受的教育基礎而言，以人生佛教為契入點，先談如何獲得人生幸福，顯然比直接說「念死無常」更易為人接受。現代社會是個功利社會，多數人只關注現世利益。開始就談來世、談三惡道苦，很難為人們接受，因此需要善巧引導。但若停留於現實人生的幸福，缺乏對生命深層的思考和終極問題的關懷，人們聽多了也會不以為然，甚至使佛法傳播出現世俗化、膚淺化的傾向。而下士道的念死無常、皈依三寶、深信業果，恰好可以糾正這種偏差。

下士道的修行並非不珍惜此生，關鍵在於，不要因為眼前利益給未來生命帶來不良後果，以致因小失大。所以說，既要利用這一身分精勤道業，又不能因為對身分的貪著而造作罪業，殃及未來。

《道次第》中，宗大師將利益概括為兩種：一是現前利益，即人天善果；一是究竟利益，即解脫和無上菩提。根據現前利益建立下士道，根據解脫和無上菩提的究竟利益建立中士道、上士道。從這一建構方式來看，非常符合凡夫「唯利是圖」的特點。不僅《道次第》如此，《金剛經》等眾多經典，儘管講空、無所得，仍時時通過校量方式宣說學佛的無量功德。當然，以利益引導修行只是應機的方便，其後還應以空性見逐漸化解對利益的執著。

下士道的修行，關鍵是將目標由現世樂轉向後世樂。事實上，現世樂是一種結果，毋須關注，只要不貪著即可。而關注後世樂，則是引導我們止惡行善。如果只重現世，往往會引發很多不計後果的短視行為。另一方面，我們的執著，使現世樂的本身也變成了痛苦。因為貪著使我們糾纏於無止境的追逐中，無法享受當下的自在。我們還應明確的是，追求來世，並非追求來世的五欲之樂，而是為了得到修學佛法的有利身分，以此作為繼續進求中士道、上士道的基礎。

關於下士道的修學原理，可簡單概括為「止惡行善」四個字。通過念死、念三惡道苦止息不善之心，通過皈依三寶、深信業果培養增上善心。其實，這也是整個佛法建立的基礎，因為成佛就是對惡的徹底斷除，也是對善的圓滿成就。

如何念死無常

對於死亡這個必須面對的現實，為什麼觀修不起來，也無法產生迫切感呢？是對死亡無所畏懼嗎？顯然不是。那麼原因何在？

我們內心有著各種心所，你方唱罷我登場。但當其中某些心行占有壓倒一切的優勢時，其他心理便少有活動機會。即使偶然出現一下，也是浮光掠影，雖有若無。對於凡夫來說，占有強勢的心理力量無非是貪、嗔、痴。比如貪，我們對財富、感情、地位的貪著是如此強烈，從而使我們忽略了對死亡的恐懼。

念死，就是要通過各種因緣將生命原有的對死亡的警惕調動起來，將這個被我們邊緣化的念頭提到核心位置。《道次第》中，宗大師提出了「三種根本、九種因相、三種決定」，以此幫助我們生起對死亡的緊迫感和恐懼心，如救頭燃般精進修行。佛陀在世時，也時常要求比丘們念死無常，如十念（念佛、念法、念僧、念戒、念施、念天、念休息、念安般、念身、念死）中就有念死。而修不淨觀及塚間住，目的同樣是為了念死。前者是從理論層面思惟，後者是從直觀感受契入。

我們知道，世間已有無數人先後去世，而今天在世的人們，也將陸續離開這個世界。就在我們思惟、說話的當下，正有人在走向死亡。雖然我們今天有幸活著，但誰也無法保證死亡何時降臨。即使一生從未遭遇病痛和意外事故，也會有壽終正寢的那一天。所以說，死亡是一定的，而死期卻是不定的。如此，從種種角度不斷思考，將思惟焦點聚集在這個念頭上。當然，念死不是為了念而念，而是以此為修行服務。念死，還可有效減少人們對現世的貪著。如果隨時作好死的準備，世間種種誘惑就很難干擾我們了。因為一切執著和追求，在死亡面前都顯得如此蒼白。

我們的行為，取決於各自的心行基礎。事實上，每個人都是活在自己的內心世界，由心念推動著前進。修學佛法的過程，是不斷培養正確心行的過程。但以這些新生力量抵擋無始以來形成的凡夫心，很難立即奏效。就像播下的種子，不可能立即長成大樹。我們現在聽聞的佛法，正如剛播下的種子。而思惟的過程，則如不斷為種子澆水、施肥。所以，念死還須持之以恆，唯有不斷思惟、觀修，才能將這一心行鞏固下來，成為內心的主導力量，由此遠離對世俗的貪著，生起勇猛的修法之心。

皈依三寶的意義

皈依三寶是學佛的開始，也意味著佛子資格的取得。正如出國需要獲得簽證一樣，皈依，是通向成佛之路的簽證。

但它又不僅僅是註冊儀式，其中還包含著豐富的修行內容。我們受任何一種戒，包括受持菩提心，首先要皈依三寶。同樣是皈依，發心不同，修行層次也不一樣。畏懼三惡道苦而皈依，是下士道的發心；希求個人解脫而皈依，是中士道的發心；為度化一切眾生而皈依，是上士道的發心。

從信佛到皈依三寶，已跨出了一大步。我們能否通過皈依達到修行效果，則取決於自身對三寶的理解有多深，信心有多大。我們不妨反省一下，三寶在我們心目中是否占有至高地位？或者說，我們對三寶是否具有足夠的信賴，身、口、意三業是否與三寶相應？是否以佛法作為指導人生的智慧，以佛陀制定的戒律作為一切行動的準則？這些，都體現了我們皈依三寶的發心高度與用心程度。

身為佛弟子，不僅要對佛像、經典、僧人禮拜供養，還應時時憶念佛、法、僧的功德。生活中，更要利用各種因緣強化三寶在我們心目中的地位，用餐前或得到任何上妙物品時，應先以恭敬心或觀想供養三寶，使內心時時與三寶相應，並在心中永久保持重要的、不可替代的地位。

藏傳佛教的前行中，要求念誦十萬、百萬遍的皈依，並完成相當數量的禮拜、供養，以此堅定信心道念。這些並非簡單的形式，而是行之有效的強化訓練。相比之下，禪宗雖不重視外在形式，但格外重視自性三寶的成就，所謂「自性天真佛」。事實上，這是一種更高層次的憶念和皈依，用心綿綿密密，時時不離當下。當然，難度也就更高。

總之，不論採取何種形式，目的都是反覆憶念三寶的內涵，不使這個形象在心中淡化，乃至被其他欲望取而代之。學佛，要像追星族追逐偶像那樣，以三寶作為悉心模仿的榜樣，以佛菩薩的品質作為生命改造的目標，將皈依三寶真正落實到心行上。

業的造作與積聚

部派佛教和大乘佛教對業的體性存在不同觀點。有部將業解釋為無表色，而唯識則將它與心法統一起來。按唯識的觀點，業本身表現在身語意上，而身語意發動之後，又會成為種子儲藏於阿賴耶識中。種子代表著過去生命的經驗，並在現前和未來繼續發生作用。

業力說，即自身行為決定自身利益。但我們的行為千差萬別，即使同樣的行為，其思想動機和行動結果也大相逕庭。那麼，牠們又是如何構成業報的呢？需要從幾方面進行分析。首先，要明確這件事是什麼，是殺生、偷盜，還是邪淫、妄語。其次是意樂，包括想、煩惱、發起三種。想，即造業時的想法及對造業對象的認識，比如要殺某人，這一想法與實際對象是否一致？如果一致，則構成根本罪。如果這一想法與實際情況不符，罪過相對會輕一些。另外，罪業成就了才是根本罪，若殺人未遂，犯的就是方便。煩惱，即造業的心行基礎，是貪、是嗔還是痴？若想謀財害命，就是貪；若是冤家路窄，則為嗔。發起，是對某個對象生起殺害等想法，若無心傷害卻誤殺，和有心傷害的罪過是不同的。第三是加行，即通過什麼方法和手段實施犯罪行為，如用石頭將人砸死或將人推入水中淹死等，都屬於加行範疇。至於究竟，是指事情達到預期目標，如果圓滿成功，犯的才是根本重罪。

業的差別，還表現為積聚與未積聚的不同。所謂未積聚，即夢中行為。因為夢中的意識極弱，在這種狀態下，行為在思惟中留下的影象也極弱，不會對未來生命構成很大影響。相反，在清醒狀態下，意識力量很強，所作所為將構成強大的心行力量。

此外，業還有共業和不共業之分。所謂共業，如我們生活在同一地區，有著相同的氣候、環境。所謂不共業，即使在同一地區，各人的生活境遇懸殊很大。同樣是遭遇地震，有些人一命嗚呼了，有些人受傷致殘了，也有些人安然無恙，這就是因共業之中的不共業所致，是為共中有別。

業力說是佛法的重要思想，其原理建立於緣起之上。緣起甚深，所以，由業感果並非簡單的由此及彼，而是涉及種種相關因緣，更存在諸多變化因素。在《道次第》中，這部分屬於下士道的內容，但我們要知道，整個佛法修學皆以緣起因果為基礎，從止惡行善開始，最終也離不開止惡行善，所謂「諸惡莫作，眾善奉行，自淨其意，是諸佛教」。

業的認識

如果不了解業的原理，就無法真正理解因果。從《阿含經》到部派佛教的《阿毗達磨》論典，再到大乘的瑜伽、中觀，關於業的探討始終占據重要地位。其實，不論哪個宗派也不論哪些經論，關注的核心問題並沒有多少。但每部論都是從不同角度詮釋這些問題，從而形成自身特色，所謂「方便有多門」。我們需要學習的，正是這些不同的方便。

《道次第》中關於業的闡述，大致可分為八個部分。

第一是思惟業果的總相。包括業決定之理、業增長廣大、業不作不得、業作已不失等方面。所謂總相，即業的總體特徵。

第二是業的行為。從人天乘的意義上說，善惡行為主要可歸納為十善業和十不善業。其中，十不善行分別是殺生、偷盜、邪淫、妄語、兩舌、粗惡語、綺語、貪、嗔、痴。對於每種行為，本論分別從事、意樂、加行、究竟四方面進行考察。這一部分內容，也有助於我們認識和受持五戒。在性質上說，殺生本身就是一種罪惡行為，當它作為戒律時，標準是什麼？當它作為善行時，標準又是什麼？考察五戒十善，同樣要對構成不善行的具體因素進行分析，才能作出準確判斷。

第三是業果的輕重。十種不善行，如殺生、偷盜、邪淫等，在什麼情況下是輕，什麼情況下是重呢？同樣一種行為，因為意樂、加行、究竟的不同，又會導致不同的性質和結果。比如殺生，它是人的行為而非機器操作，故每樁殺業皆由眾多錯綜複雜的因素構成。或是有心殺害，或是無心誤犯，或是偶爾為之，或是長期行為，包括所殺對象的不同，都會構成不同程度的罪業，不能簡單地劃上等號。從法義上說，判罪需要有個標準，才能明確是重罪或輕罪，以及它所招感的結果是輕是重。關於這些問題，《道次第》從兩個角度作了闡述。其一是六種業重，包括現行者、串習者、自性者、事者、所治一類者和所治損害者。其二，則從田門、依門、物門、意樂門四門進行闡述。田門，即犯罪的對象；依門，即犯罪者的身分；物門，即實施的行為；意樂門，即這一行為的發心。

第四是招感的果報。本論主要講到異熟果、等流果、增上果三種。所謂異熟果，即因果相異而熟，又分異時、異類、變異等；所謂等流果，等即同等，流即流類，由因流出果，由本流出末，因果本末相類似；所謂增上果，於異熟、等流體上，招感外緣顯現之事。

第五是十善業。以上主要講十不善業，認識到十不善業的過患，目的就在於促使我們修習十善業。十善業也包含事、意樂、加行、究竟四個方面，每一善行的結果也有異熟、等流、增上之分。

第六是業的差別。本論談到引業、滿業的不同。此外，又有定業與不定業之分，前者是必定受報的，後者則不一定會受報，視事態發展而定。《阿含》等經論也談到，業的定與不定是從兩方面進行判斷，一看是否有心造作，一看是否至誠懺悔。若無心造作或懺已還淨，就不一定會受報。而定業和不定業中，還存在受報時間的差別，分現法受者、順生受者、順後受者三種。

第七是成就佛果的色身所須具備的因和果。從果上說，這一色身應具備壽量圓滿、形色圓滿、種族圓滿、自在圓滿、信言圓滿、大勢名稱圓滿、男性具足、大力具足八項，並分別闡述了修成這八種果的因。

第八是認識不善業的過患，並積極採取對治方法。在認知上，人天乘的修行要不壞緣起、深信因果，從而斷惡修善。在手段上，主要是以懺悔對治，本論闡述了能破力、對治現行力、遮止力、依止力四種。

本論關於業的介紹，基本就是這些。

業力與懺悔

關於業力能否懺悔的問題，我們首先不能存有自性見。因為業也是緣起的，無自性的。既然是緣起的，必定可以對治，這一前提應當確定。否則，將業視為固定不變的力量，顯然不符合佛法的緣起觀。至於能對治到什麼程度，因涉及諸多因素，不可一概而論。

業力主要包括兩方面內容，一是造業過程中形成的心行力量，一是由此行為帶來的客觀結果。我們每造一次業，都會在內心埋下一顆業種，或者說打下一個心結。同時，對方心中也會產生相應的力量，如憤怒、怨恨等。修行可以將自己內心留下的痕跡抹掉，卻很難消除對他人構成的傷害。比如曾和別人結下怨仇，雖然我們已將這些恩怨放下，不再懷恨在心，但對方未必因此而消除敵意。因為我們所能懺悔的，主要是屬於自己的業種子和心行力量。當然，如果我們犯錯後立即懺悔並誠懇道歉，也可能會瓦解對方的怨氣，雙方前嫌冰釋，相逢一笑泯恩仇。但事情未必都那麼盡如人意。再者，我們無始以來造作的惡業難以計數，正如《普賢行願品》所言：「若此惡業有體相者，盡虛空界不能容受。」如果今生成就阿羅漢果，或是帶業往生，如何來得及一一道歉呢？更何況，即使能夠辦到，對方也未必接受我們的道歉。

佛陀在世時，央掘魔羅因邪見殺了九百九十九人，後得佛陀度化，出家修行並證得阿羅漢果。作為證果的聖者，已徹底斷盡煩惱並解決了自身的心行問題。儘管如此，人們還是向他扔石頭表示憤怒。這就說明，除自身的心行結果之外，還有外在的結果。即使我們至誠懺悔，也只能使自身得到清淨，很難將對方心中的種子一併消除。正因為如此，目犍連尊者才會受報而死，佛陀也會因業報而頭痛三日。否則，就無法理解這些現象。難道佛陀的修行還不足以抵消業力嗎？或是佛陀的懺悔還不曾修習圓滿嗎？

懺悔，包括懺和悔兩方面。所謂懺，是就業的本身進行對治，通過無生懺或佛菩薩的加持來消除業力；所謂悔，是不再繼續犯錯，使業力停止增長。如果將業力比做種子，本將發芽、生長、結果，但通過懺悔，種子就像以猛火沸湯煮過一樣，雖然業種還在，卻無法繼續作用。

懺悔的效果，主要取決於懺悔的方法和力量。其中，懺悔方式包括作法懺、取相懺、無生懺等。通過誦經、念佛，拜三十五佛、八十八佛大懺悔文，或念誦金剛薩埵心咒及百字明咒，以致誠求懺悔之心和佛力加持，消除不善行在內心形成的種子。此外，還可修空觀或實相觀，將業種消融於實相的覺照力中。除不同的懺悔方式外，懺悔時心力的強弱，也直接影響到懺悔的效果。每種心理因素都有一種與之對抗的反面力量，懺悔，就是要將這種反面力量調動起來。當然，這一力量必須超過業種子形成的力量，才能在雙方的對壘和抗衡中取勝。若只是心不在焉地念咒、誦經，很難取得預期效果。嚴重的業力，必須以猛利的手段和心力才能對治。

懺悔是對自我的反省，也就是「自覺」的心理。聽到「自覺」二字，我們或許感覺很普通。其實不然，因為「佛」即覺者之義，自覺覺他，覺行圓滿。可見，自覺正是佛法修行的要領，其力量可以化解內心的一切業障、煩惱和心結。當然，這又取決於我們自覺到什麼程度。

此外，我們還可採取讀誦大乘經典、拜懺、誦咒等方式清除業障。當我們這樣做的時候，不僅能得到佛菩薩的加持力，也能啟動自身的心行力量。事實上，每個人都有化解自我心結乃至各種業障的能力，只待我們開發和運用。

無生懺和心的本質

無生懺，是佛法中的最高級的懺法，能從根本上消除業障。其實，心具有解決自身問題的能力，關鍵是讓心恢復到自然狀態。我們現有的凡夫心，是心靈扭曲的表現。這種扭曲帶來了痛苦、煩惱、不安，形成了種種心結。如果我們將心安住於本來的清淨狀態，所有心結將隨之消融。就像蛇，無論將身體纏成多麼複雜的結，自己都能解開。我們的心，也具備這種化解心結的能力。

本來清淨，是指心的本質，即《心經》所說的「不生不滅，不垢不淨，不增不減」。關鍵在於，我們必須體認到心的清淨本質，並安住於這一層面。若進一步擴大清淨心的作用，那麼因凡夫心造作的業力就失去了落腳點。事實上，這種清淨心有足夠的力量來消除業障。

但我們要知道，所謂本來清淨，是指心的本質，並不意味著我們從未造過業。如果我們認識到心本來是清淨無染的，那麼，一切不淨和汙垢就失去了生根之處。其實，每個念頭都是無根的。比如我們想著這本書，內心就會出現關於書的種種。然後再想到麥克風，書的念頭就不復存在了。念頭從書轉到麥克風的過程，只是影象的轉換而已，事實上，正是來無影而去無蹤。

從某種意義上說，我們所造的業力，也只是內心的一些影象而已。無論善或不善的心行產生作用時，都不曾離開心的本質。正如大海湧起的波浪，儘管有無數變化，其本質還是海水。從佛法的最高見地而言，一切起心動念皆是法身的作用。我們只要不隨著念頭走，便不會影響心的本來清淨，就像海浪終將回歸大海，就像雲彩無法染汙虛空。

煩惱、業、果報

沒有學過教理的人，說起業障時會很籠統。最近妄想很多，他會說是業障現前；最近諸事不順，也會說是業障現前。我們學習教理，必須明確業障究竟是什麼，也必須分清煩惱、業、果報三者之間的差別。

業，是因煩惱表現出的行為，它們的關係體現在兩方面，一是業因煩惱而生起，如因貪造業，或因嗔造業；一是招感果報必須以煩惱為土壤，否則業是無法產生作用的。

所謂業障，是由業力形成的障礙，為果報的顯現。如想修行但必須忙於生計而無暇修行，或發心出家但家人強烈反對並多方阻撓，或有時間修行卻時時被病魔纏繞等，都是業障的表現。有時，善業帶來的樂果也會成為障礙，比如太有錢或生活太舒適了也未必是好事，所謂「富貴修行難」。

業並非固定不變的，還有增長擴大的功能，相當於現代人所說的增值。任何東西的增值都離不開環境，如購買房產，市場比較好的前提下才會增值，不然也可能縮水。至於增值到什麼程度，則取決於各種相關因緣和條件，包括房屋的結構、地點、周邊環境等。業的增長也與業的輕重相關，並非無條件的。在某些情況下，業還會損減。如證得阿羅漢果後，業失去了繼續生長的土壤，就不再增長擴大。

關於受報的問題，也要視因緣發展。如果你生在娑婆世界，對方已往生極樂，又如何受報？或是對方已證得阿羅漢，入無餘涅槃，又怎樣去找他？所以，很難一概而論。至於說到安世高、慧可等高僧償還命債之事，如果修行達到相當境界，知道對方尚存報復之心，希望將此業緣了結，所以不斷在人間受生，償還以往的恩怨情仇。但我們要知道，對於修行有成的人來說，償還命債並不困難。他如果沒有能力償還，也不敢如此坦蕩。若已具備這個能力，就像百萬富翁償還幾百元債務，根本就不算什麼，不像我們將生死看得那麼重。

承前啟後的中士道

本論的中士道部分，闡述了趣向解脫的修行，重點為戒定慧三無漏學，即趨向無漏的修學方法。在《道次第》中，中士道是作為上士道的基礎，主要強調了別解脫戒的重要性。重視戒律、重視聞思、重視次第，是藏傳佛教噶當派的學風。宗大師創建的格魯派，也繼承了這一優良傳統。本論的這一部分，介紹了持戒的意義、功德及不持戒的過患。而定（奢摩他，即止）和慧（毗缽舍那，即觀）為解脫道和菩薩道共有，將在上士道作進一步展開。從中我們也可以看出：大乘的不共之處在於菩提心，而止和觀是通三乘的，三乘聖者皆應修止和空性慧。

從發心來說，下士道所發為增上善心，中士道所發為出離心，上士道所發為菩提心。以往，人們多將出離心視為小乘的發心，但本論明確指出，不論聲聞行者還是菩薩行者，同樣要對輪迴生起厭患之心，糾正了人們長期以來所認為的，菩薩無須出離惑業和輪迴的誤解。宗大師告誡我們，身為菩薩必須先從惑業中解脫出來，才有能力利益無量眾生。至於菩薩的不捨輪迴、不捨眾生，則是因菩提心的力量所致，由一己之苦推及眾生之苦，不忍獨自解脫，所謂悲願自在。由此可見，出離心能幫助我們更好地發起菩提心。

出離心乃出離輪迴、希求解脫之心，就像被捆綁的人從繩索中逃出。那麼，束縛我們的是什麼？以什麼方法獲得解脫？解脫之後，又將獲得什麼身分？這些問題，正是中士道所要解決的。

以出離心為基礎，菩提心才能發得更真實、更如法。若對輪迴及惡道之苦沒有深刻認識，自身尚無希求解脫之心，又怎麼會關注眾生的解脫？在這種情況下談菩提心，充其量只是口號而已，不可能發得真切。當然，本論所說的出離心，和純粹的聲聞道的出離心還是有所不同。

以觀苦鞏固出離心

中士道的重點是培養出離心，故著重闡述四諦中的「苦諦」和「集諦」。同時，《道次第》是以菩提心統攝三士道，最終導向無上菩提而非涅槃，因此「滅諦」和「道諦」兩部分介紹得比較簡單。

四諦法門為佛陀初轉法輪時宣說，分別是知苦、斷集、慕滅、修道，這也是佛陀根據切身經驗為我們制定的修行流程。知苦似乎很容易，事實上，真正體悟到「諸受是苦」並非易事。因為人們通常的感覺是有苦有樂，尤其是現代人，物質生活如此豐富，到處充斥著聲色和娛樂，使我們對痛苦的感受變得非常遲鈍。

佛法所說的苦，又有苦苦、壞苦、行苦之分。根據苦受建立苦苦，根據樂受建立壞苦，根據不苦不樂受建立行苦。行苦，即無常之苦，如飢餓時吃飯是快樂的，但吃多了又會轉成痛苦。可見，有漏的快樂皆無法持久。因為它是以欲望需求為基礎，欲望滿足時固然能帶來相應的樂受。但超出身心需要後，任何能使我們快樂的行為，如散步、洗澡乃至娛樂等，都會使人感到厭倦和痛苦。而從另一個角度來說，若習慣於某種欲望的滿足，一旦得不到滿足時就會帶來新的痛苦。如習慣天天洗澡的人，若無條件滿足這一需要，會感覺很不自在，甚至影響到心情。而沒有這種習慣的人，洗不洗都不會造成什麼困擾。

觀苦，要從實際的苦說起。作為出家人，我們雖然沒有太多現實的苦受，如維持生計的苦，兒女情長的苦，追名逐利的苦等，但同樣要保持危機感。這種危機感，是基於對六道輪迴的觀察，認識其本質是苦。只要我們未曾出離輪迴，即使現在不苦，仍將有很多苦等待著我們。

出離心的生起，必須觀輪迴的本質是苦，在生、老、病、死、愛別離、怨憎會、求不得、五蘊熾盛八苦外，《道次第》所講的六苦也很有代表性，即無有決定、不知滿足、數數捨身、數數受生、數數高下、無伴之過。有漏的世間就是這樣，一切都不確定，而我們的心又永不滿足，因此生生世世輾轉在輪迴途中，數數捨身，數數受生，流過的血比大海水更多，累積的白骨比喜馬拉雅山更高。

觀輪迴苦，通常是思惟地獄苦、餓鬼苦和畜生苦。其實，只要想想世間那些不幸的人，想像是自己在經歷那些衣食無著、纏綿病榻的苦難，就會對輪迴苦產生真切的怖畏。修行，要藉助很多方便。什麼方便能使我們生起出離心，就使用什麼方便。很多人遭遇病痛或挫折時，往往會生起一念出離心，但凡夫對痛苦是很健忘的，好了傷疤就忘了疼。所以，出離心生起後，必須時時以各種因緣去鞏固它，以達到相應的發心力量。

在家人學佛會更容易產生出離心，因為每天都面臨著現實的、無法逃避的苦，這些苦正是發起出離心的增上緣。我們出家以後，擺脫了這些世俗之苦，更需要加強對苦的觀修，如念死、念三惡道苦。否則的話，很可能就此鬆懈。久而久之，甚至將出家生活當成一種日子來過，精進和淡泊的程度都日漸退失。

我們雖然出家了，但如果關心的是怎樣把日子過好，還是典型的凡夫心。我們要知道，凡夫心總是在伺機而動，只有出離心特別強烈時，它才會暫時避一避。出家的環境雖然遠比在家時清淨自在，但並不意味著走入寺院就萬事大吉。寺院固然為我們提供了如法、清淨的修學環境，但終究不是能保障我們永不退轉的極樂世界。在沒有見道之前，不論生活在什麼環境中，凡夫心都是心靈世界的主導力量。只要我們有所懈怠，沒有刻意地防範它，沒有積極地對治它，沒有強化另一種正面力量與之抗衡，它始終都是主流。

《道次第》要求我們時常念死、念無常、念三惡道苦，正是為了幫助我們鞏固出離心。出家時所發的出離心，只是一念的力量，遠遠不夠強大。若不及時注入新生力量，凡夫心隨時會捲土重來。所以，不論是出家人也好，在家人也好，每天都要以觀苦、念死、修無常觀來壯大出離心。

從認識苦到解脫苦

從對苦的認識，到對苦的解脫，是佛法修學的重點。學佛，正是為了從煩惱、業力匯聚的無邊苦海中解脫出來。菩薩度化眾生，同樣是以認識苦為前提。看到苦難的眾生，不忍將其置之度外，因而生起悲憫和救拔之心。

避苦求樂，是一切眾生的本能。動物如此，人類亦如此。人類的一切努力，無非是為了獲得快樂。問題在於，怎樣才能抵達這一目標？這也離不開因果規律，一是找到苦的根源，一是掌握獲得快樂的方法。如果不明瞭離苦得樂的因果，付出的努力往往是緣木求魚，既避不開苦，也得不到樂。

佛法所要解決的問題，和人類避苦求樂的總目標是一致的。不同的是，佛陀給我們指出了正確的方法，從認識病苦、尋找病因、採取治療方法，直至最終解除病苦。佛法所說的涅槃和寂滅，正是要息滅我們的惑和業。在多數人的感覺中，聲聞的灰身滅智，似乎是什麼都沒了，不免使人擔憂。事實上，我們現有的色身，現有的妄想和經驗，並不代表生命本質，滅除之後沒有任何妨礙。當我們將這些視為生命本質時，才會因此感到恐懼。其實，滅除的只是生命呈現的影象，並非本質。

學習中士道，關鍵要了解惑、業、結生相續三種雜染。惑，即煩惱；業，即業力；結生相續，即生死過程。惑、業、苦，亦名煩惱雜染、業雜染、生雜染，是染汙並繫縛生命的三種力量，也是十二因緣的內容。關於這部分內容，《俱舍論》講得非常詳細。其中，〈隨眠品〉專門就煩惱作了闡述，〈業品〉對業的相關內容作了分析，〈世間品〉則探討了結生相續的問題。此外，《瑜伽師地論》也論述了煩惱、業及結生相續等相關問題，尤其是如何死亡、如何投胎等細節，介紹得極為詳盡。佛法所說的解脫，正是將我們從這些生死繫縛中解脫出來。

我見為一切煩惱之本

壞聚見、邊執見、見取見、戒禁取見、邪見，屬於惡見範疇。

壞聚見，又稱身見、薩迦耶見。壞為毀壞、無常之義，壞聚指五蘊色身，於此五蘊法上，妄生執取，計我、我所。認為我是常的，或者是斷的，則屬於邊執見。

我見又有分別和俱生之分。分別的我見較易斷除，俱生的我見則很難清除。見道，主要斷除的是見惑。唯識宗談到，八地才捨棄阿賴耶，而非初地所能捨棄。說明初地雖已斷見惑，但俱生煩惱還在起作用。

《道次第》中，將我見視為一切煩惱的根本，由此導致我貪、我嗔、我痴、我慢等。了解煩惱的種種表現，對修行很有幫助，從而有的放矢地對治這些凡夫心。如能結合《俱舍論》來理解，可以幫助我們更清晰地認識煩惱過患及生起次第，因為《道次第》的不少思想皆源於此。

在煩惱的生起次第中，關於無明和壞聚見（我見）的作用有兩種不同說法，或認為是各別，或認為是一體。無明，是「於事理等法無所明瞭，障覆真性」。又因為不明真相，故產生我執這一錯誤認識。那麼，無明和我執究竟是一還是二呢？

唯識典籍中，經常運用的一個比喻是，將繩子誤以為蛇。因為沒有看清，所以將繩子當作是蛇，以此說明凡夫因未看清五蘊色身，故當作是「我」。看不清事實真相，是無明的作用；把它當作是我，是我執的作用。所以，無明和我執可以理解為是一，也可以理解為是二。

我執，是一切煩惱生起的根本。而緣起法告訴我們，一切都是眾緣和合而成，包括每個起心動念，包括內在身心和外在世界，其中既無我，亦無我所。經常作如是觀，就能淡化並逐步瓦解我執。我執是一種意識作用，或執著色身是我，或執著想法是我。其實，這純粹是人們賦予其上的錯覺。而這種「我」的感覺，是凡夫根深柢固的慣性。任何一個念頭產生時，背後都有這個「我」在作用：我喜歡、我討厭、我要、我不要等等，幾乎是不假思索的。

我們要修行、解脫，就必須擺脫這一錯覺。如果隨此慣性擺布，苦日子是沒有盡頭的。所有煩惱皆因我執、我所執生起，這種執著不僅在於意識層面，更深深埋藏於潛意識中。但第七識（末那識）本身不會修行，必須從第六識（意識）建立正確尋思及智慧觀照，也就是觀察修。觀察修達到一定程度後，引發現量的觀照。隨著觀照力量的不斷增強，第七識也將隨第六識的轉化而轉化。

解脫道和菩薩道

中士道，相當於聲聞的解脫道。在以往的修學中，聲聞的解脫道和菩薩乘往往各行其道。在經論方面，聲聞乘的典籍中很少出現菩薩道的內容，即使有也非常簡單；而不少大乘典籍中，對聲聞乘的修行和聲聞行人，多持貶低、批判的態度，斥為焦芽敗種。那麼，解脫道和菩薩乘的修行就無法相融嗎？

漢傳佛教是大乘，但絕大部分出家人的修學，既有聲聞乘的內容，也有菩薩乘的內容。如受戒就是以聲聞別解脫戒為主，當然，多數人也同時受持菩薩戒。從另一個角度來說，我們讀誦大乘經論、修學大乘法門，是否就意味著我們是菩薩道行者了呢？事實上，很多人的發心都偏向個人解脫，或是為個人了脫生死，或是為個人往生極樂，顯然不是菩薩乘的發心。

怎樣處理好解脫道與菩薩乘的關係？《瑜伽師地論》就是典型，論中將三乘、五乘善巧地結合到一起。近代大德中，太虛大師、印順法師也作了類似的建構。相比之下，《道次第》的建構又有自身特點，即以菩提心統攝一切修行。下士道也好，中士道也好，都是為上士道服務的，皆可視為上士道的前行。如《道次第》所建構的中士道修行，也不是以個人解脫為最終目的，而是以此作為進一步修學上士道的基礎。

本論上士道的內容主要有四部分，一是菩提心在大乘佛教中的重要性；二是菩提心如何生起，介紹了「七因果」和「自他相換」兩種法門；三是菩提心與菩薩行的關係，即如何認識方便與慧缺一不可，這也是《道次第》的重點；四是菩提心生起後應如何實踐，包括菩提心的受持儀軌及六度四攝的修行。

三士道有正和共之分，就各個層面而言，下士、中士、上士都是正的。而從三者的關係來講，又有共的部分。宗大師造這部論，目的是將三乘行者統統引向大乘。不論下下根機還是上根利智，皆可通過這種有次第的引導進入無上佛果。

《道次第》的核心內容

《道次第》的建構，可歸納為兩大傳統、三個核心。

兩大傳統，即《道次第》所繼承的深觀、廣行兩大思想體系。深觀乃般若正觀，格魯派以《般若經》為最高依據經典，以中觀見為無上甚深正見，相關內容主要體現在本論「毗鉢舍那」的部分。廣行即六度萬行，依據典籍以《瑜伽師地論》為主，對於如何發菩提心、行菩薩道作了詳細闡述。不僅揭示了菩提心對於佛法的重要性，更澄清了方便與慧、菩提心與空性等存在爭議的問題。

三個核心，即出離心、菩提心、空性見。其中，出離心是下士道和中士道的核心，目標為解脫生死；菩提心是上士道的核心，目標為成就無上菩提；空性見是止觀的核心，因為成佛並非外在的客觀成就，而在於心行的圓滿。

需要注意的是，菩提心和空性見很難截然分開，當然，兩者並非一體。勝義菩提心固然蘊涵著空性見，世俗菩提心卻未具備對空性的體悟。再如二乘人，雖也體悟到空性，但缺少利他之用，故無法引發菩提心。所以說，空性與空性見、菩提心有共同之處，也有不同之處。共同之處是具有平等、無限、廣大的特徵，不同之處則以是否利他作為區別。

事實上，《道次第》的內容，在《阿含》、《俱舍》、《瑜伽師地論》等經論中比比皆是。所不同的，就在於宗大師的建構及對三乘的統攝。《道次第》的殊勝即在於此，而不僅僅是在於內容。打個比方說，他使用的原料雖然大眾化，卻根據西藏民俗及當時教界的現狀炒出了一道特色菜，不但內容豐富，且適應不同人的口味。

如何信受並發起菩提心

佛菩薩的境界和我們的常規經驗相距甚遠。如何才能真實信受？並非隨便說一說就可以解決，關鍵還要配合相應的修行和用心。若僅僅依靠感性的「信」，力量既不夠大，更難以持久。唯有在心行上有所體證，才能心悅誠服地接受。否則，無論信到什麼程度，終歸是有限的。

原因何在？因為我們都是活在現有的心行和境界上。而這現有的心行正是凡夫心，這現有的境界，則是機械的、二元對立的境界。局限於這樣的淺見，自然難以體認佛菩薩的境界。如《華嚴經》所闡述的事法界、理法界、理事無礙法界、事事無礙法界，若對空性的理解沒有相當基礎，必然無法透徹如此甚深的教法。正如天台宗祖師所言：有教無觀則罔，有觀無教則怠。教和觀是統一的，只有將教理落實到止觀上，對佛法的理解才可能深入。否則的話，僅靠意識層面來揣度，是極為粗糙而膚淺的，且易出現師心自用的偏差。

任何心行的產生，皆有賴於因緣，唯識宗對此闡述得十分清楚，如眼識九緣生、耳識八緣生等。

對於心行而言，有些因緣較易具備，因為它們已形成巨大的力量和慣性，如貪心、嗔心、我執等，無須觀修即可任運自如。若是菩提心也能同樣輕而易舉地生起，就說明修習很有成效了。通常，父母對子女的愛極易生起且深厚無比，反之，子女對父母的愛則較難生起且相對淡薄。中國文化之所以特別提倡孝道，正是因為這種心行力量較弱，才需要後天的著力培養。

作為一種特殊的心行，菩提心的生起，比之子女對父母的愛要困難百千萬倍。因為子女和父母之間，畢竟有著密切的血緣關係，有著割捨不斷的親情。但能否對一切眾生都生起平等、無限的愛呢？對於絕大部分凡夫來說，可能從未出現過這種心行。

菩提心的特徵，可以簡單歸納為三點：首先，菩提心的對象是無限的；其次，應對一切眾生平等看待；第三，應當以利他為本。這樣一種心行，必須具足哪些因緣才能生起呢？《道次第》中，為我們提供了兩種觀修方式，一是阿底峽尊者所傳的七因果修法，一是寂天菩薩所傳的自他相換法。

無論是學習《道次第》，或是依此修行，著力點必然落實於菩提心。《道次第》的核心內容為三主要道，其中，又以菩提心為統攝。自去年以來，大家已聽了不少關於菩提心的教法，但不要因此失去感覺。要知道，佛法雖然博大精深，但核心內容並不是很多，必須掌握的思想綱領和修行訓練也並不複雜。

「佛法無多子」，正是古德的經驗之談。事實上，關鍵不在於我們聽聞了多少教法，而在於掌握了多少、領會了多少，更重要的是，能用得上的有多少、真正產生作用的有多少，這才是學法的根本。如果我們學到的一切無法付諸實踐，無法在生活中運用，無法落實到心行中，即使學得再多，又有什麼意義呢？無非是「說食數寶」，沒有絲毫真實力用。我們時刻需要面對的，都是人生的實際問題：

凡夫心、執著、煩惱，這是無法迴避的現實，也正是需要通過學佛來解決的。

受持菩提心的要領

正如通過受戒納受戒體一樣，我們發心之後，也應依循一些特定儀式受持菩提心，以此堅定信念。受持菩提心的內容，包括受持、守護和毀犯之後的懺悔。受持儀軌之前，必須對菩提心具有勝解，若無深刻認識，這種受持往往只是徒具形式而已。然後以各種因緣促使這一心行的發起，再通過相應的儀軌受持並鞏固。受持儀軌的本身，也是心理強化的過程，就像隆重而如法的受戒儀式那樣，能在我們的內心形成戒體，產生深刻印象。

但僅僅依靠儀軌的力量還不夠，必須在受持後不斷強化，否則這種心行會逐漸邊緣化甚至模糊不清。因為我們每天關注的事物太多，心理活動也太複雜，若受持菩提心後不能善加守護，往往會流於表面。如禪宗的修行，見道之後還要保任，絕非見性就萬事大吉。我們要知道，任何一種心行的生起之初，並沒有多少力量。所以，更需要悉心守護。

所有心行的培養，都要通過重複和積累來完成，菩提心也不例外。這種重複必須具有同一性，才能見效。如果今天重複這個，明天重複那個，看來似乎很是精進，卻無法培養一種特定的心行。就像我們學外語，必須經過一個階段的強化才能掌握，如果今天學點英語，明天聽點日語，往往只懂些皮毛。同樣的道理，修法也要不斷鞏固才會有力量。所以，宗大師又為我們提供了守護的修法。

守護的關鍵，一是憶念修習菩提心的勝利，一是憶念捨棄菩提心的過患。《道次第》中，修習任何一法之前，首先讓修學者了解修習此法的勝利和不修的過患。因為凡夫總是在得失之間徘徊，宗大師深知這一心理，特別為此建立了相應的修學套路。

從這個角度看，《道次第》的修行正是建立在利益之上：修每一法都有不同的利益，而所有這些又匯歸於究竟的利益，那就是成就佛果。不斷思惟勝利與過患，菩提心在我們心中的地位就會逐步加強。同時，還要晝夜三時念誦發心偈：「諸佛正法賢聖僧，直至菩提永皈依，我以所修諸善根，為利有情願成佛。」

更重要的是，將生活中一切順境和逆境作為鞏固菩提心的增上緣。否則，即使每天能以一定時間在座上觀修，但平時卻不懂得善用其心，仍以習慣的心行思考和做事，最終成就的往往還是凡夫心。事實上，我們的心行一不留神就會進入凡夫心中，因為這是它最熟悉的軌道。尤其在出現逆緣時，甚至會想到退心。一旦這些念頭出現，必須及時設法化解。

成就菩提，還必須去除夾雜其中的凡夫心。我們在布施時，會出現慳貪的心理；持戒時，會攙雜惱害眾生的心理；修忍辱時，會夾帶嗔恨的心理。世間有修養的賢達之士，若能將嗔恨心修得弱一點，遇到逆境時，也能具備相應的排遣能力，但終究是不徹底的。只要還有我相、人相、眾生相、壽者相，便不能將嗔恨心連根拔出。佛教的修行，則是要從根本上克服並戰勝嗔恨心。在斷除嗔心這一點上，聲聞乘和菩薩乘是一致的，沒有任何區別。但菩薩道的忍辱還有著更寬泛的內容，包括耐怨害忍、安受苦忍和諦察法忍。

當凡夫心出現時，要及時懺悔，以免使修行出現偏差。所以，在受持菩提心這部分內容中，宗大師特別將懺悔作為受持、守護之後的重要內容，確有其深意。唯有徹底消除凡夫心，才能成就純正的菩提心。

關於自他相換

在修自他相換法時，關鍵的一點，是不要落入到對業相的執著中。也就是說，不應在相換的「我」和「他」之間構成對立的自性見。一方面，感覺「我」在接受「他」的一切；另一方面，存在對業相的執著，感覺我吸收了一些「東西」（對方的惡業、煩惱等）。如果不能擺脫這種心理，自他相換修起來會很痛苦。

著相產生的心理力量很強大，比如我們吃東西，如果聽人說其中有個蟲子，立刻會覺得很難受，雖然我們咀嚼時並無任何異樣的感覺。即使這個蟲子並不存在，但只要我們在意識中認可了牠，同樣會給自己帶來心理困擾。所以，修自他相換法時，不要給自己這樣一些「暗示」，不要沉溺於對業相的執著中。

將心比心也可理解為自他相換的一個層面，但與自他相換有程度深淺的不同。自他相換的基礎是破我、利他，以此對治凡夫無始以來形成的執我、排他的堅固習性。在凡夫的感覺中，他是他，我是我，他的快樂與我無關，他的痛苦也與我無關。這種對立，正是修習自他相換的最大障礙。

如果仔細研究《道次第》有關自他相換的修習，會發現它所破除的正是自他對立，而不是自始至終貫穿著自他雙方。事實上，並沒有一個自性的「自」，也沒有一個自性的「他」，如果不能破除這種自性的「自」和「他」，無論怎樣高喊利益眾生，終歸是有限的。從因緣法來說，自他都是因緣的假相，既沒有「我」，也沒有「我所」。一旦打破「我」和「我所」，自他之間的鴻溝就不復存在，我們和眾生就真正融為一體了。也唯有做到這一點，才能生起佛菩薩那樣的「無緣大慈」和「同體大悲」。

在空性的層面上，自他是不二的，正所謂「心、佛、眾生三無差別」。真正的利他，必須建立在這個層面上。所以說，自他相換修到一定高度是沒有「自」、「他」之分的。

我們還要知道，自他相換的「愛執」，不能理解為「執著」於一個或幾個具體對象，因為自他相換是以一切眾生為所緣對象。在凡夫的心行上，可能執著於一個或幾個具體對象，卻無法對一切眾生產生愛執。事實上，愛執一切眾生，本身就是突破「執著」的表現。否則的話，絕對無法利益一切眾生。反之，若能關愛一切眾生，已是佛菩薩的大慈大悲，而不是凡夫有限的慈悲心了。

菩薩道的修行

成佛，就是菩薩道的成就。

菩薩道的內容是六度、四攝，這些內容我們太熟悉了，甚至熟悉得失去了感覺。可能還有人心存疑惑：修習這些難道會成佛嗎？在某些人們心目中，以為成佛需要一些神奇密法或特殊手段才能實現。事實上，成佛的修行不外乎六度、四攝，關鍵在於這些行為是否純粹，是否達標。

《道次第》中，宗大師在建構六度的修行時，每一度皆從三個方面進行詮釋：

1．**自性**：即每一法所具有的體，並非「自性見」的自性。每一度的產生皆有自身的心理基礎。

只有了解各種心行的特徵，才能確定它是否生起。此外，還應注意每種行為圓滿的標準是什麼。以布施為例，是否要讓一切有情都得到利益，或是讓天下眾生都豐衣足食，才算布施圓滿呢？如果這樣，顯然是做不到的。因為眾生無量無邊，即使我們盡未來際地修習布施法門，也難以一一滿足他們的要求。

我們要知道，布施圓滿是體現於自身的心行。其中包括兩個方面：一是對所有眾生都能生起利益之心，無一人為捨棄的對象；一是對自己所有的東西全部都能慷慨布施，無一物不願給予。因為布施的心理特徵，還在於對慳貪、吝嗇的克服。若能做到這兩點，布施也就圓滿了。

2．**差別**：即種類。例如，布施有法施、無畏施、財施之分。對於三者的次第，宗大師根據各自的意義和重要性作了安排，和其他經論有所不同。

3．**生起**：作為菩薩道的修學項目，六度、四攝須在心行中得到落實，否則也不能發揮作用。這就涉及布施心如何生起的問題。《道次第》中，每一度都是從正反兩方面進行觀修。如布施心的生起，是以思惟布施功德和慳貪過患著手的。

需要注意的是，六度之所以成為波羅蜜，是基於菩提心和清淨見。唯有具備這兩個前提，六度才能「升級」為波羅蜜，成為圓成無上佛果的資糧。

大乘的慈悲和聲聞乘的四無量心

大乘的慈悲和聲聞乘四無量心的修習，都是緣一切有情生起慈和悲，在用心上似乎很接近。那麼，兩者區別何在？我們可從發心起點、發心之量、最終成就三方面進行考察。

作為心所之一，每個人都有或多或少的悲心。四無量心的修習，正是在培養、壯大這份悲憫之心。至於壯大到什麼程度，則取決於修習的方法和力度。菩薩之所以具有無量悲心，關鍵是以菩提心為前提，以利益一切眾生的意願為基礎。具備這樣的發心，就能將悲憫的品質發揮到極致，具有無限的廣度和深度。廣度，即利益一切眾生；深度，則是建立在對空性的認知上。這種極致，正是十方三世一切諸佛所具有的大慈大悲，也是菩薩道與聲聞發心的區別所在。

不過我們也要看到，一些依四無量心修行的南傳佛教行者，慈悲心和利他心都很強。可以說，解脫道的法門中，四無量心的修行最容易和大乘接軌。

止觀的實質

《道次第》建構的實修理路，指導我們將本論闡述的各個法門落實於心行。一切教理能否在心行上產生作用，歸根結柢，不外乎止觀。從這個意義上說，所有經教都是為止觀實踐服務的。

止是安住修，觀是觀察修，在我們現有的心行上都可以做到，並非以往想像的那麼深奧、複雜。當然，高層次的觀修必須有明眼人指導，並具備正知見和較好的心行基礎，否則很難契入，這需要等待時節因緣。除此而外，普通的安住修、觀察修屬於止觀修習的基礎層面，要求就沒有那麼高了。

止觀的實質是什麼？無非是心和境。我們的世界，是心和物的世界，能和所的世界。

從能緣來說，凡夫的心總是像無主孤魂般漂泊不定。止所做的，正是幫助我們將心安住於正念的狀態，並使這種狀態保持延續。若不通過相應的禪修訓練，心往往在散亂和掉舉間跳蕩，片刻不能安住。

從所緣來說，若欲使心安住，必得將心繫於某一善所緣境上，同時對所緣境有正確觀照。凡夫往往對境界充滿錯誤判斷，這種錯覺又使凡夫心不斷增長。必須以觀察修轉化這些不良心態，調服種種妄想，以正見對境界保有智慧觀照。

止，又分有所止和無所止。通常，修行是從有所止開始，安立一所緣對象，然後將心住於其上，不再四處攀緣。止的特點，是無分別。若以佛法正見對此特定對象作深入觀察和思考，則是觀。觀有深淺之分，亦有比量和現量的不同。有分別為比量，無分別為現量。契入空性時固然是無分別，但之前應以比量觀修為基礎，否則往往會不辨是非。比量觀修的方式為推理、探究，一切煩惱皆源於錯誤觀念，必須通過觀察修和正思惟將其調整過來。若能以般若智慧透視世間，遠離顛倒夢想，煩惱便無立足之地，內心自然也能隨之調柔，是為「無所止」。

真正要觀到如夢如幻，僅僅靠比量的知識或聞思之見，是不容易做到的。如果對空性沒有體悟，看到的一切都是實在的，所以才會將色身當作是我，將想法當作是我。必須切身體悟到一切現象背後的空性本質，並安住於這一層面，所見皆為緣起影象。如能了知一切皆如幻如化，不再有所執著，也就無所謂出離不出離。因為斷除貪著的本身，就是一種出離。出離，並非出離環境，而是出離對環境的執著。

《道次第》的基本構架是三士道，其中，止觀部分雖然為上士道的修學內容。事實上，在道前基礎的略示修法中，已將止觀作為整個《道次第》修行的核心之一。也就是說，三士道的各個法門都要落實到止觀上。可見，止觀是佛法修行的關鍵所在。

分別與無分別

從用心來說，分別和無分別代表了兩個不同的層面。

六祖惠能接引慧明時說：「不思善不思惡，正與麼時，哪個是明上座本來面目？」便是從無分別入手。臨濟禪師上堂開示道：「赤肉團上有一無位真人，常從汝等諸人面門出入，未證據者看看。」時有僧問：「如何是無位真人？」師下禪床一把抓住他：「道，道！」這位僧人正想著，臨濟卻將他扔到一邊，這也是從無分別入手。

這些方法非常猛利，但對於一般人來說，截斷眾流並非易事。故禪宗修行也有從分別入手，如參話頭，參「一念未生前的本來面目」，參「父母未生前的本來面目」，就帶有一定推理、探究的色彩。可見，禪宗修行既有從分別契入，也有從無分別契入。

當然，禪宗從分別契入法性，有別於《道次第》所強調的分別的重要性及從分別進入無分別。《道次第》認為：修行中，首先應從分別獲得無我慧，如此才能契入無分別。也就是說，契入空性時雖是無分別，但契入前卻必須以分別為基礎。因而，《道次第》特別強調通過聞思經教建立分別的無我慧，非常重視思惟觀察修。而思惟觀察修的理路，恰恰和唯識很接近。

唯識宗的修行是從分別、觀察、思惟入手，如加行位的四尋思、四如實智。所謂尋思，是對所緣對象的名、義、自性、差別進行思惟。我們的世界，無非是由名和實構成的。如「書」有書的名稱，有書的實體；「房子」有房子的名稱，有房子的實體。

一般人在認識境界時，會對事物的名、義產生自性和差別的執著。緣名時，認為名是實在的實體。看到書，覺得這就是「書」，看到房子，覺得這就是「房子」。進而在其上賦予自性和差別的執著，認為這個名稱好聽，那個難聽，我喜歡這個名稱，不喜歡那個名稱。同樣，我們還將物質現象執為實體，因之產生自性見。我們會認為桌子是實實在在的，並對它進行好看、難看或是喜歡、不喜歡的分別。任何事物，只要通過我們的意識，都會產生一系列執著。唯識家將此稱為遍計所執，正是它們，障礙了我們對空性的契入，使我們看不到真理。

若要契入諸法實相，就應對世界進行重新認識，而這一認識須通過觀察修完成。四種尋思，即對事物的名、義、自性、差別進行重新思考。通過正確思惟，認識到這些名、義、自性、差別無非是因緣和合的假相，進而產生如實智，即名的如實智、義的如實智、自性的如實智、差別的如實智。由四種尋思引申至四如實智，進而契入空性。

這一修行理路，和《道次第》重視觀察修、思惟修，從分別進至無分別的思路基本相應。通過觀察修，可以使我們獲得無我的正見和智慧，以此指導修行，就不易出偏差。如果依通常所說的頓、漸而言，這是一條漸修之路，是穩健的、大眾化的道路，所有人皆可按此方法修習，不會有危險性和副作用。唯識和《道次第》的修行，都有這個特點。

直接由無分別入手，雖然速度較快，但對根機的要求很高，對老師的要求也很高。根機不利，或是老師手段不高明，都無法修起來。另外，若無正見作為基礎，危險性也極大。就像登山之路，捷徑往往是在懸崖峭壁中，若非膽識過人，身手矯健，選擇捷徑無異選擇絕路。當然，若是行人根機很利，並有具格善知識為指導，亦可直接由無分別契入空性。如漢傳佛教的禪宗和藏傳佛教的大圓滿、大手印，都屬於此類修法。

分別與執著

分別，有地前分別和地後分別之分。《道次第》的觀修主要指地前分別。宗大師認為，地前的修行，應從分別獲得無我正見，然後進入無分別。格魯派的這一修行套路，和唯識的修行極為相似。

至於在分別過程中，有執著還是沒有執著？執著是從少到多還是從多到少？倒也不能一概而論。凡夫的分別皆帶有執著，而行為由意識投射出來，難免夾雜執著成分。只要發心純正、有力，帶點執著並無太大妨礙，不必過於恐懼。隨著觀修和聞思正見的增強，這種執著也在不斷消融。在地前修行中，經由暖、頂、忍、世第一的遞進，不斷消泯能和所。

佛菩薩的智慧，包括根本智和後得智。地上菩薩證得根本智後，進而生起後得智。根本智為無差別的智慧，其作用是證得空性；而後得智代表差別的智慧，其作用是分辨諸法差別。在差別智的層面，能了知萬法差別，但這種差別又是以無差別智為前提，雖分別而無執著。二智代表心行的兩個層面，可以同時作用。所以，在佛菩薩的境界中，是「能善分別諸法相，於第一義而不動」，「終日分別，未嘗分別」。

當然，在有些情況下，尤其是在凡夫身上，分別與執著確實難分難解。因為無始以來形成的思惟習慣，凡夫在分別的同時，往往帶著執著。所以說，分別和執著在某些情況下是等同的，在某些情況下文是不同的。

所有的修行，無非是將緣起的因緣法和黏在因緣法上的我法二執分離，或者說斷除。以這本書為例，它是緣起的現象，本質上沒有你或我的屬性，亦非一成不變，而是法爾如是。可當我們花錢將這本書買來後，就在其上黏貼了「這本書是我的」這一感覺，即我執。這種感覺不是書本身所有的，而是我們人為製造的。這個感覺是我們黏上的，也只有製造者自己能夠感覺，別人也未必看得出。如果將這本書放到大街上，有人知道這本書就是「我的」嗎？現在，我們再黏上一個感覺：這本書很好看。這個感覺也只有我們自己認可，或許其他人會覺得這本書非常無聊，那個感覺又是他黏上的。可見，這些感覺和書本身是兩碼事，正所謂「一千個讀者，就有一千個哈姆雷特」。如果僅僅是看到這本書，而未黏上任何感覺，可能像飄過的影象一樣，不留任何痕跡。如果是這樣，這本書對於我們就只是緣起的現象。

在唯識理論中，將緣起現象和我們投射其上的感覺影象作了區分，且闡述得非常清晰。分別代表著依他起，執著代表著遍計所執。在這一點上，唯識見比中觀見更為細緻。

《道次第》修學規則

最近，我給「《道次第》專修班」學員提供了一個學習規則。按照這幾個步驟，學習才會落到實處。

第一步，理解論文本身。對《道次第》的文本，從每個詞到每段話都要理解透徹。大家可以根據我在研究所的課程錄音，同時對照《略論》原文學習，這樣才會吃得更透，記得更牢。

第二步，理解文字開顯的義理。因為文字是表法的，是載道的，其中蘊含著無量法義。我們不僅要理解文字本身，更要認識文字開顯的佛法義理，認識每個環節的修學原理和彼此關係。

第三步，依法解決人生問題。每部經論都是圍繞若干問題展開，所以，學習中要有問題意識，要圍繞問題來理解，而不是埋頭苦學，卻不知學了究竟用來解決什麼。《道次第》每一部分的內容，都是說明某個問題，然後提供對這一問題的看法或解決方式。如果脫離實際問題，所學就會抽象而空洞，就是乾巴巴的說教。但我們結合自身問題來理解，就知道，這些道理都是圍繞人生或修行的某個問題，具有很強的實用性。

然後再去思考，《道次第》對這個問題的說明是否合理，是否讓我們發自內心地信受。如果僅僅覺得祖師那麼說，姑且一聽，這種接受是沒有力量的。唯有反覆聽聞，不斷思惟，直到內心完全確認，法才能對我們產生作用。比如念死，論中提出三點。一是死王必來，二是死期不定，三是死時除佛法外餘皆無益。我們依此思考，看看是否還有疑問。若有疑問，就有針對地予以解決。包括佛法所說的無常、無我、涅槃寂靜，都要一一思考。無常，是不是真的無常？當我們通過觀察發現，世間確實找不到任何常的東西，這個無常觀才會變成自己的智慧。否則只是書本上的，好像也知道，但終歸隔了一層。就算把三藏典籍背誦下來，如果不去運用，和人生究竟有多少關係呢？所以，需要通過思考來消化。思考到確信無疑之後，才會產生勝解，也就是堅定不移的信解。在佛法修行中，勝解行地是一個重要階段，資糧位、加行位都屬於勝解行地。

第四步，將佛法觀念落實於心行，成為自己的認識，自己的觀念。這需要有一個磨合過程。每個人都不是一張白紙，而是有自己的觀察方式和處理習慣。這種習慣來自無盡生命的積累，具有強大的慣性。我們雖然學了一點佛法，但只是在概念階段，尚未形成心行正念。這就需要通過修行來解決，一方面是擺脫不良串習，一方面是培養正確觀念。這兩種修習要輪番進行，在反覆擺脫和培養的過程中，使佛法正念逐步取代原有串習。

第五步，以正念解決實際問題。我們已具備相應的佛法正見，懂得從佛法角度看待問題，接著還要學會運用。面對每個問題，在第一時間，就要以正念而不是固有習氣對待，使錯誤觀念沒有活動機會。只有這樣，心才能進入和解脫相應的軌道，否則就是和輪迴相應的軌道。這兩條路非此即彼。如果選擇解脫，就要不斷培養並加強正念。開始時，正念就像嬰兒一樣，雖已出生，但還需要精心呵護，不然隨時會有夭折的可能。建立一個修學氛圍，也是幫助我們培養正念的重要助緣。如果身處五欲六塵，那些和輪迴相應的妄念就會得到成長。在呵護的同時，還要不斷運用正念，在解決問題的過程中，完成心態的調整，完成生命軌道的改變。

生命軌道就是我們的心靈軌道，所以，輪迴之根也在內心，是內心對某種對象的渴求。這種渴求促使我們去追逐，在追逐中，渴求又在增長，推動下一輪追逐。因此，每種心念都會發展出不同的生命形態，發展出不同的輪迴。不必等到來生才去輪迴，現世就在輪迴。追求權力的人，每天在官場輪迴；追求財富的人，每天在商場輪迴。從事各行各業，就是在製造各行各業的輪迴。唯有依戒定慧解除內心迷惑，才能解除輪迴之根。

《道次第》修學釋疑

——二〇〇八年秋講於蘇州道次第專修班

問：為什麼法師這幾年提倡《道次第》的學習？

答：之所以將《道次第》作為學習重點，是特別針對大眾目前的修學現狀而設置。在今天這個時代，我們所接觸的資訊量極為龐雜。事實上，不必說佛教各宗各派，僅一宗典籍都難以完整掌握。這種廣泛而無序的涉獵，使學人普遍存在不得要領的問題。

而《道次第》的特點正是在於，為我們提供了一個常規的修學套路。

在人生道路上，似乎有無數可能的選擇。但歸根到柢，無非是兩個選項，一是輪迴的道路，一是解脫的道路，這也是截然不同的兩個方向。《道次第》所指明的，正是幫助我們走向解脫、走向菩提的道路。既有理論的引領，也有實踐的指導。當然，這也是佛法所有經論的共性。而《道次第》的特色在於，它所提供的套路特別簡明，且應用面極廣。不僅適合業餘學佛的在家居士，即使對專業學習的佛學院學生也很有幫助。

不少佛學院的學生，輾轉讀了好幾個佛學院，經典看了很多，但對佛法的了解依然是局部而片面的，缺乏系統認識。這也是學佛過程中容易存在的誤區，只是停留於書本性、知識性的學習，不具備融會貫通的能力。所以，在我們研究所的初級教育中，始終把《道次第》作為一門重要課程。

問：如何通過《道次第》的學習，使我們從輪迴軌道中走出？

答：我們現有的每個心念，都是和輪迴相應的，都是在建立輪迴的因果。而學佛所建立的，是解脫的因果，是和解脫相應的心念。在此過程中，不僅要有相關知識，更需要調整心行的技術，需要在不斷重複中加以鞏固。

當正念尚未生起時，說得再多，也只是一種說法。因為你仍在輪迴軌道，然後說一些解脫的話。當然，如果本著交流探討的目的來說，也是學習方式之一。但不少人對佛法有了一知半解後，就熱衷於誇誇其談。這樣的說，無異是井蛙語海，夏蟲語冰，不僅沒有任何力量，還將成為凡夫心的增上緣。因為你是以我執的心在說，以炫耀的心在說，以是非的心在說。最後甚至就會以為，佛法是用來說，而不是用來做的。

對修學而言，《道次第》規畫的框架是地圖式的，不僅標明了起點和終點所在，還對其間經歷的每個階段有詳細說明。我們要做的，無非是熟悉這張地圖，然後按圖索驥地走下去。

我們所走的這條路叫做解脫道，其終點就是解脫。成佛，則是解脫的延伸，是把證得的解脫智慧和能力延伸到一切眾生身上。

明確這個目標之後，還需要了解它的方法和手段。在開始階段，我們需要熟悉《道次第》所提供的書面知識，具體到每一步應該怎麼走，論中都有清晰的引導。進而通過思惟修和觀察修落實於心行。這種落實的結果，就是擺脫凡夫心，建立和解脫相應的心態。凡夫心，就是我們固有的貪嗔痴；和解脫相應的，則是依正見而有的正念。

心念雖有種種不同，但從本質而言，無非是兩類。一是輪迴以及和輪迴相應的心理，一是解脫以及和解脫相應的心理。非此即彼，別無選擇！

我們現有的，正是輪迴以及和輪迴相應的心理。學佛所要建立的，則是解脫以及和解脫相應的心理。這是兩個無法相容的系統，不擺脫輪迴的心靈系統，就難以進入解脫的心靈系統。不少人對解脫有畏難情緒，對成佛更覺難以企及。事實上，每個人內心都具備解脫的潛力，成佛的潛力。關鍵是進入這個系統，然後將這一潛在力量激發出來，使之逐漸壯大。

問：本論的修學重點是什麼？

答：《道次第》的學習，首先是要把握本論的主要內容。從道前基礎到下士道、中士道、上士道，每一階段的學習內容都是由諸多問題組成。如道前基礎的重點是如何正確聞法，暇滿人身的意義，然後是依止法。下士道的重點是念死無常、念三道苦、皈依三寶、深信因果。然後還要認識到，每個問題是幫助我們建立什麼觀念，在應用過程中又該完成怎樣的心行轉化。

此外，還要把握每個階段的核心修學內容，如下士道的核心是皈依，中士道的核心是出離心，上士道的核心是菩提心。其中，又以皈依為一切修行的基礎。皈依是代表生命軌道的調整，是從自我中心的凡夫軌道中走出，進入以三寶為中心的道路。這就需要對三寶生起信心，然後修習依止法。通過身心的依止進入修學狀態，我們對三寶的信心有多少，就能獲得多少佛法的受益。

這種信心和依止，同樣適合對《道次第》的學習。因為凡夫心是跳躍不定的，很容易被誘惑，今天聽到這兒有活動，明天聽說那裡來了上師，整天東跑西顛，最後一無所獲。這就需要通過修習依止來排除干擾，擺脫誘惑。我們選擇《道次第》作為這一階段的學修重點，對本論及依止師必須生起信心，然後安心學修。否則，學習是難以奏效的。

問：《道次第》適合什麼受眾？怎樣將學修落到實處？

答：《道次第》是為大眾施設的常規修學道路，就像建樓，先要把地基打好，然後進入第一層，再是第二層、第三層。若不遵循這一次第，修行就會因基礎不牢而出現問題，或是修不上去，或是像地基不穩的樓房那樣，隨時都可能轟然倒塌。

當然，世間沒有絕對的事。每個人的生命起點不同，說不定誰就是大菩薩再來。你看六祖惠能，聽到《金剛經》就直接契入空性，並不需要經歷多少基礎建設的階段。但保險起見，即使你上根利智的人，遵循這一次第也不會白費功夫。因為佛法修行不是說明心見性就什麼都搞定了，其實，見性只是修行的開始而非終結。之後還要修道，還要清理無始以來的思惑、煩惱和生命串習。

我們靠什麼解除串習？在證得空性前，主要是通過受持戒律，通過念死無常、念三惡道苦的觀修，使串習逐漸轉弱，進而不起現行。《道次第》的業果部分就告訴我們，從心念生起到形成生命現象的因果關係。若將其中的輪迴因果搞清楚，了知每種煩惱形成的基礎，就能找到合適的對治角度，達到四兩撥千斤的效果。

因為所有問題都在於我們的設定，以及對設定的執著，所以關鍵要使我們的認識與法相應。比如對暇滿人生的認識，是幫助我們重新確立價值觀。我們學習暇滿、義大、難得之後，能否將這一思考落實到心行？僅僅知道暇滿、義大、難得的字面意思是不夠的，是用不起來的。那樣的話，我們處理問題時仍會回到固有觀念的軌道，而這個軌道就是串習，就是輪迴。

學習《道次第》，是幫助我們建立和解脫相應的心念。關鍵在於，將其中法義轉化為自身觀念，進而在生活中不斷實踐。否則，學得再多也沒用，把三藏十二部倒背如流也沒用。

問：學習《道次第》的同時還在修四梵住，怎樣使兩種學修結合起來？

答：從修行來說，四梵住也是很好的法門，但在一定修學階段，所學和所修必須相應。所以我們學習《道次第》時，應該針對《道次第》所說的每一法進行觀察修和思惟修。否則就會像論中所說的那樣：「有如馳馬，先擇馬場，場所既定，轡勒乃施。倘於一處先習聞思，別於他方另求修證，異道以馳，如何而可？」一個人選了馬場，卻在別處跑馬，前期所做的準備工作就派不上用場了。

《道次第》不僅有理論建構，本身就是次第分明、由淺至深的修心引導。如道前基礎階段的思惟暇滿、義大、難得，就是幫助我們確立價值觀。每個人都有自己的價值觀，我們覺得重要或不重要，有時間或沒時間，做什麼或不做什麼，都是這種價值觀的具體應用。正是這種價值觀決定了我們的取捨，決定了我們的行為。

我們是選擇輪迴還是選擇解脫？這是一個大是大非的問題。若能真切認識到人身價值，認識到輪迴過患，自然會對修道生起迫切之心。在原則問題上確定下來，今後的修行就順理成章，水到渠成了。否則，心還是會被輪迴的盛事牽著跑。

因為執著就是所有煩惱的源頭。如果我們透徹輪迴本質，知道這無非是一個泡沫，其本質是痛苦的，還會患得患失嗎？還會心存期盼嗎？世間所有的束縛，都是因為我們在乎。因為在乎，就割捨不下，就難分難解。倘能解決這個問題，修行的最大障礙就迎刃而解了。修行，不僅是坐在那裡觀照或念佛。如果觀念沒有調整到位，仍會不斷製造煩惱，製造束縛。這也是很多人修行有年卻習氣依舊的原因所在。因為觀念會製造心態，世間種種會對我們產生什麼影響，關鍵就在於我們怎麼看。如果這種設定來自無明妄想並被我們所執著，煩惱必會隨之而來。反之，如果在面對一切現象的當下就具備正見，它就不會對你構成任何影響。當下就是解脫！當下就是清淨！

我們現在既然學習《道次第》，就要嚴格按照論中的步驟逐一落實，才能保障這一階段的學修效果。

問：解脫道與菩薩道是什麼關係？

答：佛教雖有很多宗派，但無論什麼宗派，都要匯歸到解脫道和菩提道的根本。此外，還有作為基礎的人天乘。這就是《道次第》建構的三士道的框架，一是做人的道路，為下士道；二是解脫的道路，為中士道；三是成佛的道路，為上士道。

三者又是怎樣的關係？關於這個問題，不同宗派會有不同觀點。在大乘佛教地區，不少人對聲聞乘不以為然，覺得那是自了，是小乘。而在南傳佛教地區，又有大乘非佛說的排斥。這和佛教在不同地區的傳播情況有關，也和過去資訊閉塞、缺乏溝通有關。聲聞學者所接觸的，就是聲聞聖典，自然以此為至尊。而在大乘佛教地區，從經典中看到的，都是以大乘為究竟了義，而聲聞雖能成就解脫，卻不像佛陀那樣悲智圓滿，自利利他，是為焦芽敗種。

那麼，解脫道跟菩薩道究竟應該是什麼關係呢？

我覺得，過去那種將解脫片面定位為小乘修學項目的觀點是不對的。事實上，解脫是三乘佛法的共同核心。不論大乘還是小乘，都需要通過正見修習止觀，成就解脫，這是所有宗派的核心所在。聲聞行者固然需要解脫，菩薩行者同樣需要解脫。關於這個問題，宗大師在《道次第》中明確指出：「夫以惑業所制，流轉世間，為眾苦所逼者，自利猶且未能，況云利他者哉。此乃一切衰損之門，菩薩較諸小乘尤應厭離而滅除之。而於悲願自在，受生世間，則應歡喜焉。」

可見，菩薩比聲聞更應希求出離，希求解脫，因為他們還有責任將這份解脫的經驗和能力帶給眾生。所以，大乘佛法的不共之處是在菩提心，也就是利他之心。如果你已成就解脫或具備解脫經驗，就有責任進行傳播，廣為弘揚，成為解脫的推銷員，成為解脫的播種機，使眾生從中得益。

怎樣才是最好的利益眾生？不是說給他吃的喝的，這些幫助很多人都有能力來做。傳播並教授解脫的經驗，才是對眾生長久的幫助。正如《金剛經》所說：「諸菩薩摩訶薩應如是降伏其心，所有一切眾生之類，若卵生、若胎生，若濕生、若化生，若有色、若無色，若有想、若無想，若非有想、若非無想，我皆令入無餘涅槃而滅度之。」可見，發菩提心就是要令所有眾生進入無餘涅槃，徹底平息生命內在的迷惑煩惱，獲得解脫能力。

如何幫助眾生平息生命內在的迷惑和煩惱？不僅要擁有理論知識，還要具備相關的能力和經驗。否則，眾生接受這種知識後可能不會用，還是等於零。所以，具備解脫的能力後，應進一步發起菩提心，將這種經驗傳授給眾生，而不是獨享解脫之樂。從這個意義上說，菩提心就是出離心的一種延伸，菩薩道就是解脫道的一種延伸。如果忽略解脫的基礎，自己尚流轉六道，無力出離，拿什麼利益眾生？那樣的菩薩，不過是泥菩薩過河，自身難保。

問：什麼是正見？什麼是佛性？

答：正見是幫助我們簡別是非的尺度，也是指導我們認識真理的方法。從世間層面來說，正見就是與事實相符的認識和觀念。從出世層面來說，正見就是空性見，是斷除煩惱、證得解脫的能力。

佛陀施設教法的目的，無非是要指引眾生破迷開悟，證得宇宙人生的最高真實。但眾生根機有種種不同，所以就根據不同對象，提供契合各自根機的認識角度及解決方法。不同的見，正是代表不同的認識角度。在《阿含》經典中，是以苦空、無常、無我為正見。而我最近在「第三屆菩提靜修營」所講的「《心經》的般若正觀」，則是以般若正觀作為觀察方法，在認識每一事物的當下，了知它是無自性的，是空的。

佛性出自如來藏的見地，這一系統的經典認為，眾生內在的佛性是本自具足，圓滿無缺的。這個觀點會給學人帶來極大信心，而弊端在於容易形成常見。如果認為眾生內在的佛性是真實且常恆不變的，就會落入常見，這和外道的我執並無本質不同。只有在無所得的心行中體認生命內在覺性，才不容易出現弊端。在有所得的情況下，無論你執著一個什麼，其實都是我見，是妄想。《道次第》屬於中觀應成見，和如來藏的見地並不一致。

問：正念和菩提心在修行中有什麼作用？

答：我們希望解脫、成佛，就必須發展和解脫、成佛相應的心理，然後不斷鞏固。這種正念的成就，也是對治妄念的力量。否則，當妄念生起時，你靠什麼去對治？逃避是不起作用的，根本的解決之道，是依正念來對治。

正念的選擇，又和我們的價值觀有關。因為心念的建立需要背景。你要什麼？如果你要的是五欲六塵，那就是妄念之根，就會源源不斷地從中萌發妄念。反之，如果你覺得五欲六塵虛幻不實，它就不會在你內心形成相應的念頭。

修行是要善用其心。輪迴的根源在哪裡？就是我們內心的迷惑和煩惱。如果我們不想輪迴，首先要解除內心製造輪迴的根源。這就要對人生方向有明確選擇，並落實到腳下。其實，路就在我們當下的每個起心動念。正是它們，決定了未來生命的發展方向。因為每個心念的不同屬性，都左右著我們的人生道路，影響著未來的生命方向。

所以，修行就是修正我們的心行，不是修正別人。認識到這個道理後，修行就不再是一件很難的事了。難的原因是什麼？就是因為我們不清楚，因為用力方法有誤。

菩提心雖是上士道的內容，卻貫穿著整個《道次第》。無論學修什麼法門，也無論做什麼，都要在菩提心的統攝下進行。

我們的內心有兩種心態，一是凡夫心，發展這種負面心態，會將我們導向輪迴。一是善心所，發展這些正面心態，會將我們導向解脫。發心就是我們做每件事時選擇哪種心，發展那種心。同樣一個行為，若以貪心去做，就是在發展貪心，最終成就的也是貪心。若以菩提心去做，就是在發展菩提心，最終成就的也是菩提心。

從這個意義上說，發心正是修行的根本所在。

問：怎樣理解佛法所說的精進？

答：佛法所說的精進，是在智慧指導下，所解決的是我們的不良串習。所以它是有特定內涵的，不是世間所有努力都能稱為精進。

簡言之，精進就是斷惡行善的努力，正如四正勤所說：未生惡令不生，已生惡令斷滅，未生善令生起，已生善令增長。我們所要止息的，是輪迴以及和輪迴相應的串習；所要成就的，是解脫以及和解脫相應的正念。怎樣解決和輪迴相應的串習，培養和解脫相應的正念？這就必須通過對《道次第》每一法的思惟和實踐來完成。

我們需要知道，這一法義是要幫助我們形成什麼觀念，形成後又如何應用，這個過程離不開思惟。一旦將法義落實於心行，發自內心地認識到這一觀念的重要性，無須太多努力，它都會持續不斷地產生作用。我們應該都有這樣的經驗，凡是我們不覺得重要的事，即使有人提醒，也多半是心不在焉，過耳即忘。而那些我們覺得重要的事，不用特別想著，也會時時浮現心頭，徘徊不去。

比如明天要參加一個重要活動，晚上往往會輾轉難眠，你告訴自己：睡吧，不要想了。能不能馬上睡著？為什麼做不到？因為你覺得這件事確實重要，確實還是放它不下。

其實，修行就是要把這樣的心理調動起來。真正調動起來後，就不用著急了。而在調動之前，必須如救頭燃般精進努力。若能深刻意識到生命在輪迴中的險境，意識到暇滿人身蘊含的價值，自然就會全身心地認真對待。

精進不是著相，著相的精進很容易出現問題。所以精進也要中道，不急不緩，就像彈琴一樣，弦不能太緊也不能太鬆。

《三主要道頌》講記

一、緒論

這次菩提靜修營的主題講座，選擇了宗喀巴大師的《三主要道頌》。宗大師關於修道次第的著作有三部：早年先寫了《菩提道次第廣論》，然後在此基礎上，提取其中綱要，撰寫《菩提道次第略論》，這也是我近年來的弘法重點。我們現在學習的《三主要道頌》，是宗大師晚年的著作，闡述了《道次第》中三項最重要的內容。通過這些學習，可以幫助我們在最短時間內，了解佛法修學的精髓。

為什麼我這幾年特別重視《道次第》的弘揚？主要原因在於以下幾個方面。

1・抓住共同的核心

我們知道佛法博大精深，目前流傳的有三大語系，即漢語系、藏語系和巴利語系。漢語系佛教的傳播，以中國漢地為主，包括日本、朝鮮等地。藏語系佛教的傳播，以中國藏區為主，並流傳在不丹等地，目前在歐美國家也有較大影響。巴利語系佛教，又稱南傳佛教，流傳在緬甸、泰國、斯里蘭卡等。

在三大語系的佛教中，還有眾多宗派。僅漢語系就有八個宗派，除了大家熟悉的淨土宗、禪宗，還有唯識宗、三論宗、天台宗、華嚴宗、律宗、密宗。面對這麼多宗派和法門，很多人在信仰選擇上產生很大的困難。尤其在今天這個浮躁的社會，每個人都有混亂的內心，有很多的需求。究竟如何選擇正確的信仰？

這就需要了解，在眾多的經論、法門、宗派中，有沒有共同的核心？如果我們了解其中核心，今後不論學習什麼法門，會發現萬變不離其宗，在修學上就不容易產生混亂。否則會學得很矛盾，感覺不同經論說的是不同內容。它們之間究竟有什麼關係？往往搞不清楚。

佛教在弘揚過程中，有兩個主導思想，一是契理，一是契機。契理，是契合佛法真理，沒有變味，沒有偏離；契機，則是佛教在傳播過程中，需要適合不同文化和眾生的根機，建立不同的表現方式。當我們沒有了解核心時，面對太多的說法，太多的表現方式，難免產生混亂，無所適從。所以，了解佛法的共同核心，對今天的學人特別重要。

2·解脫道和菩薩道

佛法雖然有很多經論、法門、宗派，但無非是為眾生提供兩條路，那就是解脫道和菩薩道。南傳佛教的教義，是偏向解脫道的修行；漢傳佛教、藏傳佛教的教義，則偏向菩薩道的修行。

什麼叫解脫道？什麼叫菩薩道？

解脫道，是走向解脫的道路，這是學佛的核心目標。佛法有聲聞乘、菩薩乘，但核心目標都是解脫。我們為什麼要學佛？就是因為有解脫的願望。佛法所說的解脫，從本質上，就是解除生命內在的迷惑，即看不清自己、看不清世界的狀態。這種迷惑會不斷地製造煩惱，製造痛苦，製造生死，製造輪迴。

明白這個道理，就能認識到解脫的重要性。就像我們在社會上，因為繁雜的工作和生活把心搞得很亂，希望來寺院靜靜心。靜心的意義是什麼？就是希望擺脫內在的浮躁和煩惱。其實，這也是解脫的一種表現。應該說，每個人多少會有這樣的需求。當我們累的時候，煩惱的時候，迷茫的時候，困惑的時候，都會想到解脫。但因為找不到究竟解脫的智慧，更多是採取逃避的方式。

佛教所說的解脫，不只是改變生活環境，更重要的是解脫內在的迷惑和煩惱——這才是解脫的真正意義。解脫道修行所做的，就是引導我們完成生命的解脫。

我們想解脫，首先要具備解脫的願望，也就是發心。有了願望，還要知道究竟解脫什麼？明白了解脫對象，則要進一步了解，解脫的能力是什麼？那麼，我們的生命中是否具備解脫能力？如果不具備，解脫是沒有希望的；如果具備，又該如何開啟內在的解脫能力？在解脫道修行中，戒、定、慧是三個常規項目，正是幫助我們獲得解脫的能力，解脫的智慧。

此外還有菩薩道，即大乘佛法的修行，是以成佛為目標。成佛究竟成就什麼？佛，又稱覺者；成佛，是成就無上菩提。無上，即最高；菩提，即覺悟和智慧。所以，無上菩提就是最高的覺悟，最高的智慧，是生命究竟的覺醒。

佛和眾生的最大差別在哪裡？就在迷與悟之間，在覺與不覺之間。關於這一點，《六祖壇經》說得非常直接：「前念迷即是眾生，後念悟即是佛。」迷，就是不覺。當心陷入不覺的狀態，你就是眾生；當心徹底覺悟，也就成佛了。

那麼，覺悟究竟是「覺」什麼？我們有沒有覺悟的力量？如果沒有覺悟的力量，我們又何以覺悟？這是非常關鍵的。佛陀當年在菩提樹下發現：一切眾生皆有如來智慧德相，只因妄想執著不能證得。告訴我們，每個生命都具有潛在的佛性。成佛的修行，就是去開啟這個佛性。《涅槃經》說，佛性就像貧女的寶藏，力士的額珠。一個貧窮的女孩，其實擁有寶藏；一個受傷的力士，其實額頭嵌著寶珠。遺憾的是，他們都不知道。

所以《六祖壇經》開頭就提出：「菩提自性，本來清淨，但用此心，直了成佛。」什麼叫菩提自性？就是佛性，覺悟本性。每個生命都具備這種覺性，它本來就是清淨的，你只要去體認它，熟悉它，運用它，就能走出迷惑，走向解脫。

迷與悟的差別在哪裡？迷，是迷失了覺悟本體，陷入我執、法執、貪嗔痴，形成我們現在的迷惑系統。悟，是體認到覺悟本體，體認到成佛潛質，這是走向無上菩提的開始。所以成佛絕不是一句空話，而是有基礎的。這個基礎就是我們的覺性。

發菩提心，行菩薩道，就是以無上菩提為目標，不斷開發覺性的過程。我們不僅要自己覺悟，還要帶領一切眾生覺悟，這樣才能把覺性圓滿開顯出來。所以在菩薩道修行中，要自覺覺他，自利利他，不是自己覺悟就可以了。所以菩薩道又稱為大乘。

乘就是車，小乘是一輛小車，大乘是一輛大車。如果你只想著自己解脫，就是小乘；如果你希望幫助眾生共同解脫，就是大乘。這是佛教最主要的兩條道路。不論有多少宗派，都不外乎是解脫道或菩薩道。學會從這個角度看問題，就能化繁為簡。

每個宗派都代表一個修行體系，有不同的修行方法。從漢傳八宗來說，每一宗都有自身依據的經典。如華嚴宗是立足於《華嚴經》建立的修學體系；天台宗是立足於《法華經》建立的修學體系；三論宗是立足於《般若經》，及龍樹、提婆菩薩所造的《中論》、《百論》、《十二門論》建立的修學體系；唯識宗是立足於《解深密經》，及《瑜伽師地論》、《顯揚聖教論》等論典建立的修學體系。

不同的體系，為修行提供了不同的角度和方法。實質上，不外乎解脫道或菩薩道。

3・修學五大要素

除了根本的依據經論，每個宗派還有許多釋論和註疏。對今天的人，要繼承天台、華嚴、唯識等傳統宗派，即使把一部論讀下來，難度都很大。除了文字的隔閡，還有深邃難解的義理。可能學了很長時間，還是雲裡霧裡的。這種情況下，如果我們能對各宗派有綱領性的認識，學起來就會容易很多。

在對佛法的多年思考過程中，我發現，每個宗派的核心不外乎是五大要素：一是皈依，二是發心，三是戒律，四是正見，五是止觀。不論解脫道還是菩薩道，都是如此。

首先是皈依，對佛法僧三寶，包括帶領我們走向解脫的修學體系生起信心。相信通過對佛法的學習，對某個宗派的學習，必將帶領我們走向解脫，圓滿無上菩提。這個信心是學佛的基礎。

如果我們不相信，或是對它的認識不足，信心不足，結果將使佛法在內心沒有分量，沒有地位。那麼，佛法勢必不能對我們的生命產生影響。我們雖然不斷學一些佛法，但真正影響並左右我們的，還是固有的錯誤觀念，還是原有的不良串習。最後，佛法只能成為生活中的點綴；或者說，在生活中增加一點佛教色彩。我們的人格和生命品質，還是以自我形成的錯誤觀念和不良心態為主。這是許多人學佛都存在的問題。

真正對三寶生起信心，就意味著生命重心的改變。改變自我中心，轉而以三寶為中心。如果以自我為中心，必將發展出貪嗔痴，帶著我們走向輪迴；只有以三寶為中心，才會調整人生方向，引導我們走向解脫，走向菩提。

生命的道路很多。就像社會上有工、商、政、文各行各業那樣，六道輪迴也是代表六條路。每一條都是心行發展的結果，是源於我們的觀念、選擇、行為而形成的生命道路。目前，我們在不斷造作輪迴的業。如果皈依三寶，就會重新建立人生目標。這是學佛的起點，由此，才能真正接受佛法。

其次是發心，即發展什麼樣的心。事實上，生命就是由各種心理組成的。可以說，人都是活在自己的內心世界。其中，有貪心、嗔恨、我慢、嫉妒、焦慮……我們根據自己的想法、情緒建立不同的需求，追求不同的生活。這些心理將使我們發展出不同的心態和人格，造就不同的生命處境。

發心就意味著，選擇並發展一種什麼樣的心。如果你希望自己有健康的人格，就必須發展善心，發展正向心理。成佛是智慧、慈悲的成就。我們想要成佛，就要開發智慧，長養慈悲，才能具足佛菩薩那樣高尚的生命品質。如果順著現有的凡夫心，就會發展貪嗔痴，造就凡夫人格。

我們每天在選擇外在的世界，選擇不同的生活，卻忽略了對內心的選擇。對每個人來說，影響最大、最持久的，其實是這些心理力量。佛教所說的發心就是告訴我們，如何選擇並發展健康的心理，最終成就完善的人格。如果說皈依是信仰的基礎，那麼發心就是修行的根本。因為真正的修行就是善用其心。

此外，戒律也很重要，這是邁向解脫的心路規則。我們知道，駕駛汽車時要遵守交通規則。如果不按人行道、機動車道的規則走，就可能撞車，甚至撞人。在我們生命中，有很多三惡道的串習，有地獄的嗔恨種子，有畜生的愚痴本性，也有餓鬼的貪婪。如果張揚這些惡道之因，來生很可能墮落到畜生道，乃至餓鬼和地獄。如何才能成就三善道的果報，未來繼續做人或生天？就必須遵守相關戒律。

同樣，我們走上解脫道，要遵循解脫道的心路規則，即別解脫戒；要走上菩薩道，則要遵循菩薩道的心路規則，即菩薩戒。其實戒律就是一種心路規則。比如別解脫戒，主要是阻止不善行為；而菩薩戒不僅要阻止惡行，還要通過制度化的方式張揚善行，張揚利益眾生的行為。因為很多人並沒有做善事的習慣，沒有「我要利益一切眾生」的習慣。通過受持菩薩戒，可以使我們培養菩薩的串習。所以說，戒律在修行中絕不是可有可無的。

我們總覺得戒律太約束了，不喜歡戒律。為什麼會這樣？就像對守法的公民來說，不論法律怎麼規定，他都不會覺得是約束，但喜歡犯罪的人就會討厭法律。作為佛弟子，如果我們真正想要走在解脫道、菩薩道上，就會發現，戒律幫助我們戒除的不只是行為，還有內心的不良串習。這種表面的約束，其實是真正的愛護。

眾生真的很可憐，面對內心的混亂情緒和不良需求，很多時候是不能自主的。就像人們有了酗酒或賭博等習慣後，是不願意也沒能力改變的。因為這種習慣代表無明製造的強大力量。戒律就是通過對行為的約束，幫助我們避免不良需要，進而阻止串習的發展。這對修行和生活都很重要。

前面所說的皈依、發心、戒律，是修學佛法的共同基礎。開始學佛時，我們不一定要選擇某個宗派，而要打基礎。我們講《三主要道頌》，包括推廣《菩提道次第略論》，都是修行的基礎建設。有了基礎之後，可以進一步選擇宗派深入修學。

每個宗派給我們提供的主要有兩方面，一是正見，一是止觀。比如佛法講的因果、無常、無我、緣起性空、諸法唯識，及一切眾生皆有佛性等，都屬於正見的內容，也就是如實見，是引導我們看清生命和世界真相的智慧。平常人都以眼見為實，卻不知道，自己是戴著有色眼鏡在看世界。我們看到的，是被自己這個迷惑系統，被錯誤觀念和情緒處理過的。佛法認為，這種對生命自身及世界的錯誤認識，是產生煩惱和痛苦的根源。

如何才能去除煩惱和痛苦？佛法告訴我們，要建立正確認識。正確認識不外乎兩方面。一是對生命真相的認識。比如我們每天都在說「我」，在關注自己，但我們想過沒有，我是誰？究竟什麼代表著我？二是對世界真相的認識。我們往往會根據自己的加工，把無常的現象當成永恆的，把痛苦的事物當成快樂的。只有認清這些，我們才能擺脫迷惑的狀態。

佛法告訴我們，正確觀念會發展出智慧，錯誤觀念會發展出煩惱。只有建立正確認識，才能讓自己變得智慧而健康。佛法提供的正見，就是幫助我們從不同角度了解生命和世界的真相。當然，學習經教得到的認識，多半是知識性的。如何把這些知識轉化成正念，轉化成自身的能力？關鍵是靠止觀。

所以任何宗派的修行，不論解脫道還是菩薩道，都不外乎皈依、發心、戒律、正見、止觀五大要素。我們想一想，能不能在此之外找到別的修行內容？宗大師在《三主要道頌》中歸納的出離心、菩提心、空性見，同樣沒有超出五大要素，只是更為精簡。其中，出離心和菩提心屬於發心的內容，空性見則包含正見和止觀。因為正見有世間和出世間兩種，出世間正見是離不開止觀的。

學習《三主要道頌》，可以幫助我們快速掌握佛法要領，建議大家將這些偈頌背下來。

二、修學三主要道的意義

正式講述三主要道的內容前，有兩個偈頌，主要說明作者為什麼要造此論，以及修學佛法對生命的重要性，勉勵我們按論中內容精進修學。下面，圍繞論文開始解釋。

「《三主要道頌》。」三主要道，指出離心、菩提心、空性見。頌，是一種文體。印度人造論時，有時會先以長行闡述，再以偈頌總結；有時會先造偈頌，再通過長行解讀。所以，頌是佛教常見的文體。

「宗喀巴大師造。」宗大師是藏傳佛教格魯派的創始人，其思想主要傳承自阿底峽尊者創立的噶當派，特點是重視次第、重視基礎、重視戒律。那麼，宗大師為什麼要造《道次第》的相關論典？主要是因為，藏傳佛教在當時出現了不重次第和基礎的現象。

現在的漢傳佛教同樣存在這些問題。很多人喜歡禪宗，覺得直指人心、見性成佛特別痛快，也不必有很多講究。但我們要知道，禪宗對學人根器是有要求的，是接引上根利智的人。什麼叫上根利智？就是你的心靈塵垢很薄，菩提自性會不時顯現出來。就像雲層很薄的時候，陽光很容易照射出來。如果雲層很厚，陽光是透不出來的。

我們也是一樣，雖然具足如來智慧德相，但無明在內心製造了深厚的執著和煩惱。我們要認識覺悟本體，必須突破迷惑的雲層。根機利的人就是雲層薄，根機鈍的人就是雲層厚。如果自身根機不夠，又喜歡禪宗，其實是修不上去的。最後往往會變成口頭禪，或是坐在那裡打妄想，打瞌睡。

我們會在迷惑系統中說一些覺悟的話，其實這個覺悟和你毫無關係。雖然在說的時候，內心有種很痛快的感覺，覺得說起來很舒服。但真正遇到境界時，你的無明、煩惱、貪嗔痴，一點都不比別人少。

學習《道次第》，可以為未來修習禪宗或其他法門架一個梯子，幫助我們從鈍根變成利根。其實人的根機不是固定不變的。這一生根機很好，不是說你天生就根機好，而是代表過去生修行的積累。雖然現在根機好，如果不用心維護，而是不斷地製造貪嗔痴煩惱，利根也會變成鈍根。就像一把刀，每天拚命地砍竹子，砍石頭，砍各種東西，卻從來不磨，一定會變鈍的。佛法講無常，就是告訴我們，利根不防護會變成鈍根，鈍根不斷努力也可以成為利根。

包括受菩薩戒，同樣存在不重視次第造成的嚴重弊端。我們要成為菩薩行者，首先要受菩提心戒，發起崇高的利他主義願望——即「我要成佛，我要利益一切眾生」的願望。當菩提心修到一定程度，才有資格真正受持菩薩戒。沒有這種願望的話，即使受了菩薩戒，也只是表面上取得一個資格。

菩薩最大的特點就是慈悲。如果沒有發起菩提心，也不懂得修習慈悲，算什麼菩薩？唯識教法講到，想成為菩薩，必須具有菩薩種性，樂於幫助別人。我們有時說某人「很有菩薩心腸」，其實就是讚歎他的慈悲，這種人要成為菩薩相對容易。反過來說，有些人很自私，拔一毛以利天下而不為。這種人就缺乏菩薩種性，如果想成為菩薩，雖不是絕對不行，但難度很大，必須加倍努力。

我們之所以弘揚《道次第》，就是看到大家在修學過程中，對基礎和次第重視不夠。漢傳佛教中的禪宗、天台、華嚴、唯識、三論等，也有很多高明的觀法，卻因為沒有基礎和次第，使這些觀法修不起來。

總之，宗大師為什麼寫《道次第》乃至《三主要道頌》，正是我們今天為什麼要弘揚它的意義所在。可以說，弘揚這一教法代表著整個教界的需要。

敬禮諸至尊上師！

按印度的傳統，論主造論前要禮敬這個傳承的上師們。宗大師造《道次第》的思想淵源，主要是繼承深觀和廣行兩大傳統。深觀代表空宗的傳統，從文殊菩薩而來。在佛教中，文殊菩薩象徵大智慧，又稱「大智文殊師利菩薩」。此外還有龍樹、提婆等祖師，他們根據《般若經》的思想寫了很多論典，幫助我們去認識：我們看到的一切緣起現象都是空的，沒有固定不變的特質。這種無自性空的思想，是對一切現象的深刻透視，是認識事物真相的智慧。所謂真相，佛法中也叫實相，即真實的面目。相關內容包含在「空性見」的部分。在《略論》和《廣論》中，主要屬於止觀中「觀」的部分。

此外還有廣行，即廣大的菩薩行。作為菩薩行者，要發起崇高的願望。崇高到什麼程度？就是「我要利益一切眾生，要幫助一切眾生解除輪迴的痛苦，解除生命的迷惑和煩惱」。然後根據這種願望，做種種利益眾生的行為。廣行的思想主要來自瑜伽唯識的經典。看過錢文忠講《大唐西域記》的人會知道，當年玄奘大師到印度取經，主要是想學習《瑜伽師地論》。此論由彌勒菩薩所造，共一百卷，是廣行體系的核心典籍。其中的《菩薩地》，就是如何學做菩薩的內容，豐富而全面，是我們修學菩薩行的重要指南。

在宗大師的思想體系中，對他影響最大的，還有阿底峽尊者和《菩提道燈論》。論中建構了作為完整修學必須具備的要素及次第。尊者非常重視皈依和菩提心，重視佛法基礎。因為他長期在藏地宣講皈依，被稱為「皈依喇嘛」。很多佛教徒可能覺得，皈依誰不懂，還要你講？這是因為我們對皈依的認識很膚淺。事實上，整個佛法修學都離不開三寶，離不開皈依的內涵。這是大有深意的。此外，針對人們不重視業果的現象，阿底峽尊者曾專門宣講業果；針對不重視菩提心的現象，尊者又大力提倡菩提心。這些都在宗大師建構的修學體系中得到了繼承。

因為有這些傳承，我們現在學習的《道次第》和《三主要道頌》，特點也是重視基礎，重視次第，重視菩提心。了解到這個法來源清淨，能幫助我們對法建立信心，更好地理解並接受法。接著解釋偈頌。

三、造論目的

佛陀至言心要義，是諸菩薩所讚道，欲求解脫之大道，我今隨力而宣說。

這個偈頌說明，宗大師造論的目的，是幫助我們快速掌握佛法心要。《菩提道次第略論》講到「本論的殊勝」這一部分時，總結了四個特點。其中第三點講到，《略論》及相關論典，可以使我們快速掌握佛陀說法的密意。所謂密意，即佛法的精髓和心要。而《三主要道》是道次第系統中最核心的論著，是精髓的精髓。

「佛陀至言心要義。」至言，即佛陀教法的精髓。這個精髓和心要是什麼？

很多人看到佛教有這麼多經論，而基督教只有一本《聖經》，伊斯蘭教只有一本《古蘭經》，就覺得，佛教是不是也能有這樣一部經典？佛法這麼多理論，核心是什麼？每部經論都有很多名相和思想，對不是長期修學的人，學了之後往往無所適從，更談不上融會貫通。要將佛法融會貫通，不僅要對義理有研究，更要有實證體驗。否則只能成為學者，研究來研究去，比較來比較去，最終還是各不相干。

宗大師在本論告訴我們的心要，就是三主要道：出離心、菩提心、空性見。

把出離心和空性見結合起來，是解脫道的重要內容。出離心是一種願望，還需要把它轉化成出離的能力。這個能力就是空性見，也是佛法修行的核心。持戒修定，都是為了成就空性見，由此才能成就解脫和解脫知見。

把菩提心和空性見結合起來，則是大乘佛法的兩大核心。成佛成就什麼？正是圓滿佛陀那樣的大智慧和大慈悲。其中，空性見是幫助我們成就智慧。而通過菩提心的修行，生起「我要利益眾生，幫助眾生走向解脫」的願望，並落實到崇高的利他主義行為，可以成就大慈大悲的品質。不僅如此，在利益眾生的過程中，我執會被弱化，也有利於開啟智慧。

雖然佛教有眾多法門，匯歸到核心，無非是修智慧，修慈悲。只有成就智慧，我們才有能力解除生命內在的迷惑煩惱，更好地利益眾生。否則，我們靠什麼幫助別人？如果沒有成就智慧，成就解脫，不過是「泥菩薩過河，自身難保」。可見佛經雖然很多，核心不外乎出離心、菩提心、空性見。而五大要素中的皈依和戒律，則是修行的基礎，最終都要落實到解脫道和菩薩道的實踐中。

我們必須深信，三主要道確實是佛法的心要。就像打仗必須攻克的碉堡那樣，修行的所有努力都是為此服務的。如果不懂得這一點，雖然做了很多，可能各行其是，無法匯歸到修行之路。或者你很著相地做著，就可能在做的過程中發展出凡夫心，偏離學佛的目標。

我們要做好任何一件事，必須知道它的重心、目標和方法。出離心、菩提心、空性見不僅是《三主要道頌》的內容，是《道次第》的重心，也是整個佛法修行的重心、目標和方法。

但如果我們的學習停留在書本上，把它作為知識來掌握，那是沒用的。我們學習三主要道，需要在心相續中成就出離心，成就菩提心，成就空性慧，這才是最重要的。就像三寶，有外在的三寶，還有內在的三寶。開始學佛時，我們需要依賴外在三寶，但這只是幫助我們認識和開啟內在三寶的方便，最終的重點，是每個人的心。

「是諸菩薩所讚道。」我們要認識到，三主要道確實是佛法的精髓。這個修學的重心和次第，是十方諸佛菩薩讚歎的。諸佛菩薩的修行，也要圍繞出離心、菩提心和空性見。當年，佛陀就是看到生老病死，看到世間榮華富貴的虛幻，才出家修行的。這是出離的過程。在修行過程中，他看到芸芸眾生在輪迴中受苦，於是發願，不僅要自己解脫，還要幫助一切眾生解脫。這是從出離心到菩提心的昇華。然後在菩提樹下禪坐，夜睹明星，明心見性。這是空性見的圓滿成就。所以說，這是一條修學的核心之道，也是快速之道，是諸佛菩薩讚歎的道路。

「欲求解脫之大道。」如果想走出生命的迷惑，走向解脫，走向無上菩提，三主要道就是一條常規大路。佛教也提倡方便，相當於小路。但所有小路都要匯歸這個核心，否則就會偏離目標。在佛法弘揚過程中，有些宗派曾出現偏差，就是因為對這些重心認識不足。抓住三主要道，在修學上就不會偏離。

「我今隨力而宣說。」這是宗大師的自謙：我現在根據自己的能力，和你們說一說，佛法的核心內容是什麼。

以上介紹了學習《三主要道》的意義，可以幫助我們快速掌握佛法精髓。

四、策勵聽聞

於三有樂不貪著，為暇滿義而精進，志依佛陀所喜道，具法緣者淨意聽。

這個偈頌是宗大師策勵我們，要用現有的暇滿人身做最有意義的事，那就是修學佛法，修學三主要道。

「於三有樂不貪著。」三有，即欲界、色界、無色界。三有樂，即三界的快樂。三界為什麼叫三有？有，就是有漏，有缺陷。為什麼有缺陷？因為三界眾生的快樂，都是建立在迷惑和煩惱的基礎上。其中，有欲望的快樂和禪定的快樂。欲界眾生主要追求欲望的快樂，比如家庭、財富、地位、飲食男女及舒適環境帶來的快樂。我們貪著三界的快樂，追求並沉溺其中，滿足於享受財富，享受權力，享受感情，享受家庭，不再有更高的追求。但從佛法角度來看，這種快樂是不究竟的。

首先，這種快樂對我們只有短暫的意義，沒有永久的意義。其次，享受這種快樂是有副作用的。因為這種快樂依賴特定環境而產生，但世間無常，一切都會變化。如果我們執著這種快樂，一旦環境變化，就是痛苦到來的時候。所以，依賴世間任何一種快樂，勢必會給自己帶來痛苦。第三，過分在乎這種快樂，需要把所有時間用於追求快樂。有人執著財富帶來的快樂，就要每天追求財富；有人執著地位帶來的快樂，就要為地位不停奔忙；有人執著感情、家庭帶來的快樂，一生一世都要經營這份感情、這個家庭。

雖然財富、地位、感情、家庭對人生也有價值，但價值非常短暫。欲界眾生正是因為貪著三有樂，沉溺在對財富、地位、感情、家庭，乃至吃喝玩樂的追求中，所以一直輪迴三界，無法走出這個泥潭。當我們認識到三有樂是短暫而不究竟的，甚至在本質上是痛苦的，就不能貪著於此，而要走出輪迴，生命才會有更高的追求，更遠大的目標。

「為暇滿義而精進。」暇滿，指暇滿人身，即有能力、有時間聽聞佛法的人身。首先是有能力，你的心智沒問題，認識沒問題，身體和感官也沒問題。除了能力之外，還要有時間。如果每天忙於生計，沒有時間，也不行。這是暇滿人身必須具備的兩個基本條件。

這種人身究竟蘊含多大的價值？這似乎是一個哲學問題，其實是一個現實問題。為什麼這麼說？因為每個人都有價值觀。我們每天做什麼不做什麼，要什麼不要什麼，整個生活都是建立在選擇中。這個選擇背後的標準是什麼？就是你覺得重要還是不重要。你覺得重要的，就會選擇去做；覺得不重要的，就不會選擇去做。所謂重要就是有價值，不重要就是沒價值。

不可否認，生活中的一切也有價值。我們渴了喝水，這口水是有價值的；餓了吃飯，這頓飯是有價值的。但這些價值非常短暫，如果執著於此，甚至會帶來負面作用。比如用不健康的手段追求享樂，追求財富和地位，將給生命帶來無盡的麻煩和困擾。

如果以現實中的一切作為人生價值，我們會發現，在死亡面前，所有這些都顯得蒼白無力，因為什麼都帶不走。那麼，人活著的意義和價值究竟是什麼？學佛就是幫助我們認識到，我們現在的身分，尤其是有能力、有時間聽聞佛法的人身，就是無價之寶，可以實現生命的最大價值。每個生命都蘊含成佛的潛質，都具備佛性。暇滿人身的意義，就是幫助我們開啟內在佛性，解除生命的迷惑、煩惱和痛苦，成就解脫自在的人生，進而幫助千千萬萬的人成就解脫自在的人生。我們想一想，世上有什麼價值比這更大？

當我們意識到暇滿人身蘊含的巨大價值後，就應該為實現這種價值而努力精進。世人為了一點眼前利益都能起早摸黑，如果我們認識到人身的價值，還不肯努力，還執著於小小的世間利益，是不是太愚痴，太沒有眼光了？這是宗大師對我們的策勵。

「志依佛陀所喜道。」志依，就是要立志。我們已經認識到人身的價值，同時認識到三有樂是有漏的，不究竟的，就應該立志，遵從佛陀為我們指示的解脫道、菩薩道，努力精進。而解脫道、菩薩道的核心，就是三主要道。依此修行，能引導我們快速走上修行道路。

「具法緣者淨意聽。」具法緣者，即具足法緣。大家能來此聽聞佛法，說明和這個法是有緣的。既然已經和法有緣，怎樣才能更好地接受佛法？必須有正確的態度和方法。

佛教把我們的生命體叫作五蘊。所謂蘊，即各種元素聚在一起，包括物質和精神兩部分。物質部分是色蘊，精神部分是受蘊、想蘊、行蘊、識蘊，由各種心理活動組成。佛教認為，生死輪迴的第一要素就是無明。所以生命也是一個產品，是無明製造的產品。我們在不了解自己的情況下，形成了現有的生命體。我們現在執以為的這個「我」，並不是真正的「我」，只是因為不了解自己而製造的替代品，是有漏的，不完善的。

人最大的問題是什麼？就是不了解自己。因為不了解，就會產生錯誤觀念，產生種種煩惱，從而不斷地製造痛苦。可以說，生命就是一台不斷製造痛苦的機器。學佛所做的，就是用佛法改造這個生命產品。

但問題在於，我們如何才能接受到純正的佛法？凡夫最大的特點，是對自己和世界形成了一套認識模式。我們接受的東西，通常會被現有的認知模式改造過。就像一個人戴著有色眼鏡，不論看到什麼，都被這個眼鏡改造過，不是源源本本的。在接受佛法的過程中，一樣會出現這種問題，使我們接受不到源源本本的佛法。

如何才能避免這種過失，接受純正的佛法？必須在聞法時避免三種過失。《道次第》中，這是作為道前基礎的內容。

第一是覆器。就像一個杯子，必須杯口向上才能裝水。如果把杯子倒扣過來，水能不能裝進去？如果大家在聽法時心不在焉，或是打瞌睡，或是思想開小差，法就不能進入你的內心。

第二是垢器。如果這個杯子已經放了很多油鹽醬醋，再往裡倒水。倒進去的水，還有沒有水的味道？肯定變成油鹽醬醋的味道了。同樣，如果帶著成見接受佛法，我們所接受的，也將被錯誤的觀念和情緒改造過，不是純正的法。

第三是漏器。如果杯子有裂縫，雖然我們往裡倒水，可倒的同時也在不停地漏，最後就剩不下什麼了。大家聽聞佛法後，如果不進一步思考，聽過的法就不能在混亂的內心扎根，轉化成自己的認識和觀念。只有通過如理思惟，佛法才能內化成我們的觀念、心態和人格。

佛菩薩既是法的實踐者，也是法的化身。我們接受了佛法，也要通過思考和禪修，把法內化成自己的觀念乃至人格，從凡夫逐漸改造為聖賢。這是生命的重大改造，必須靠法來完成。而前提是讓法源源本本地進入內心，否則，後面的一切都談不上了。

學法有兩種情況，一種是接受法之後，用來認識並改造自己的生命；另一種情況，只是把所學的法當作知識，對自己的觀念、心態並沒有太多改變。那麼，法也可能成為我慢的增上緣。我們覺得自己懂了法，比別人要高一等。本來，法是用來改造人格的缺陷，但因為你不能正確使用，反而覺得有了法之後，這個自我比別人優越。這樣的話，法就會被我執所利用，成為它存在的養分。

總之，我們認識到人身價值後，要立志於解脫道和菩薩道的修行，同時還要以正確的態度聽聞並接受佛法。

五、出離心

接著進入正宗分，第一部分是出離心，共三個偈頌。

> 無出離心無息滅，希求有海樂方法，由欲有樂縛眾生，故先尋求出離心。
> 暇滿難得壽無常，修習能除此生欲，業果不虛輪迴苦，思惟能除後世欲。
> 修已於輪迴盛事，不生剎那之希望，晝夜唯求解脫心，起時是生出離心。

《道次第》中，出離心屬於中士道的內容。中士道所做的有兩方面，一是發起出離心，二是成就解脫的能力，否則也是不能出離的。出離心的相關內容，就是我們現在介紹的這部分，而成就解脫能力將在空性見的部分介紹。

1．出離心的重要性

> 無出離心無息滅，希求有海樂方法，由欲有樂縛眾生，故先尋求出離心。

為什麼在解脫道的修行中，首先要發起出離心？

「無出離心無息滅。」無出離心，就是沒有出離心，或發不起出離心。什麼叫出離心？就是「我要出離輪迴，我要解除生命內在迷惑和煩惱」的願望。很多人可能覺得，出離心是出家人的事，和在家居士沒什麼關係。那我們問問自己：想不想出離煩惱？如果想出離煩惱，想解除生命的迷惑，就必須有出離心。我覺得，出離迷惑和煩惱是學佛人共同的問題，而不只是出家人的問題，對在家居士同樣重要。

如果沒有出離心，就「無息滅」。沒辦法息滅什麼？下一句告訴我們——

「希求有海樂方法。」有海，即欲界、色界、無色界三界大海。其中有種種快樂，比如吃喝的快樂，家庭的快樂，感情的快樂，地位的快樂，財富的快樂，居住環境的快樂，享受好車好房的快樂。所有這些都屬於輪迴的快樂。我們想一想，自己是不是每天在追求這種快樂？乃至世間所有人，都以追求這些快樂作為人生目標。我們讀書、工作、賺錢、成家，一切的努力，無非是為了生存，為了過好日子，為了吃得好，穿得好，住得好，為了擁有家庭和事業，出人頭地。

因為我們在乎輪迴中的快樂，就會用所有時間拚命追求。如果沒有出離心，就無法平息這種需求。只有深刻意識到輪迴中的快樂是短暫的，其本質是痛苦的，才會真正生起出離心。此外，我們還要找到更究竟的快樂，更有價值的生命內涵，這點非常重要。否則的話，何以放棄眼前的快樂？

那麼，輪迴中有沒有快樂？佛教告訴我們，不是沒有，只是這種快樂非常短暫，而且有負面作用，會帶來無盡的麻煩。我們想想，是不是這樣？唯有看透三有樂的本質，看透輪迴本質是痛苦的，才能平息對這種快樂的追逐，發起出離心。

「由欲有樂縛眾生。」欲有樂，即輪迴的快樂。每個人都會被不同東西綁住，有人被兒女綁住，有人被家庭綁住，有人被地位綁住，有人被事業綁住，有人被感情綁住。我們在乎家庭的快樂，會被家庭綁住；在乎事業的快樂，會被事業綁住……我們問問自己：為什麼內心總有很多牽掛？總有很多擔心？總有很多患得患失？誰綁住了你？誰讓你這樣？其實，就是執著綁住了你。

當我們在執著過程中，由執著和需求產生的力量，會使你不斷追逐所執著的對象。在追求過程中，這種執著和需求就在增加。當執著和需求增加的同時，又使你繼續追求。在追求過程中，執著和需求又進一步增加……這個過程，就是輪迴的原理。

其實，輪迴就是一個重複，是生命的低級重複。我們總在自己製造的需求中不斷重複：賭博的人每天想著賭博，玩遊戲的人每天想著玩遊戲，搞藝術的人每天想著怎麼創作，賺錢的人每天想著怎麼賺錢，追求權力的人每天想著怎麼追求權力……每個人都在自己的感覺中跳不出來。因為這種執著，當環境變化時，就會產生痛苦和煩惱，被欲有樂所縛。

「故先尋求出離心。」只有意識到欲有樂在本質上是痛苦的，我們才能真正發起出離心。佛教講的解脫，就是幫助我們從需求和執著中跳出來。

在座的都是在家居士，聽到出離心的時候，有人可能覺得恐懼：是不是要出家？其實，不出家一樣可以發出離心。當我們看透輪迴本質後，用平常心生活，用慈悲心做事，一樣可以在世俗生活，但不會帶來無謂的痛苦。因為所有痛苦和執著都是在乎的表現。我們有一分的執著和在乎，當環境變化時，就會帶來一分傷害；有十分的執著和在乎，當環境變化時，就會帶來十分的傷害。

如果我們有出離心，對現實的生活和需求有明確認識，那麼雖然過著世俗生活，但知道一切都是因緣所生，就能以超然的心態面對身邊一切順緣和逆緣。即使做很多事，內心也不會執著。當內心對外境沒有執著時，外境的變化就不會對我們造成傷害。

總之，出離心是幫助我們出離生命內在的迷惑和煩惱。我們學習佛法智慧後，迷惑將越來越少；能以佛法智慧看問題，煩惱會越來越少。生活中，我們要面對家庭、事業等種種問題。每個問題能對你產生什麼影響，關鍵在於你怎麼看待。如果我們用錯誤觀念看問題，就會不斷產生煩惱；如果用佛法智慧看問題，任何問題都不會帶來煩惱，當下就是解脫。所以，智慧的觀念非常重要。

2・如何修習出離心

> 暇滿難得壽無常，修習能除此生欲，業果不虛輪迴苦，思惟能除後世欲。

我們要出離什麼？主要有兩方面：一是對現世的貪著和希求，二是對來世的貪著和希求。不論哪一種，都會把我們導向輪迴。修習出離心，就要擺脫這兩種貪著和希求。

「暇滿難得壽無常。」首先要思惟，暇滿人身是很難得到的。因為未來生命會以什麼形式出現，完全取決於自身業力。在無盡的生命延續過程中，我們曾造下許許多多三惡道的業。如果這些業力成熟，必定墮落。而我們所修習的、感得人身的善業卻不多。所以佛經說，得到人身的眾生非常少，沒有得到人身的眾生非常多。

佛陀曾經問侍者阿難：你看是我指甲裡的土多，還是大地的土多？阿難說：當然是大地的土多。佛陀告訴他：得到人身的眾生，就像指甲裡的土那麼少；沒有得到人身的眾生，就像大地的土那麼多。

可見，得到人的身分多麼不容易。

我們現在已經得到可以學佛的身分，應該好好利用，完成生命改造。如果只是為了生存，為了過好日子，為了享受欲望，其實動物也會。從暇滿難得的角度說，我們不應該沉溺於眼前的享樂，用整個生命追求欲望帶來的快樂，而應該追求更高的生命意義。

「壽無常」，是說明這個寶貴人身很容易失去。不論我們的生命，還是眼前的快樂，很可能轉瞬即逝。現在經常聽到身邊有人說，這人得癌症了，那人得癌症了……當我們身體健康時，會覺得現實的一切很熱鬧，很堅實。事實上，這個生命非常脆弱。所以《道次第》提供了三種角度，告訴我們應該如何正視死亡。

首先要認識到：死是一定的。平常人不願接受這個事實，總以為死和自己沒什麼關係。為什麼很多人面對死亡時措手不及？就因為他一直覺得，死是別人的事，和自己沒關係，至少是以後的事，根本沒有做好準備。所以，我們必須正視這個現實——死是一定的，沒有哪個人會不死。再過五十年、一百年，我們統統要到別的地方報到。

其次，什麼時候死是不一定的。尤其在今天，除了天災人禍，還有食品安全、各種流行病之類，製造死亡的因素太多了。我看高速路上車開得那麼快，一不小心就可能開到別的世界去了。所以我們不要以為自己能活到八九十歲，真是不一定的。

第三，當我們要死亡時，現在努力追求、經營的這些事業、感情、家庭、人際關係等，沒有一樣可以帶走。

「修習能除此生欲。」當我們用死亡審視人生價值後，會發覺現在所做的這一切，都是蒼白無力的。既然我們得到的快樂這麼脆弱，為什麼還想牢牢地抓住它？有沒有哪樣東西你抓得住？你能抓住感情嗎？能抓住青春嗎？能抓住地位嗎？……既然抓不住，我們就不必貪著了，否則只會自討苦吃，只會給自己製造煩惱。我們不應該追求那些抓不到的，而應該追求人生的究竟價值，那就是開發成佛的潛質。通過這些思惟，就可以消除對現世樂的需求和貪著。

「業果不虛輪迴苦。」其他宗教往往認為，是上帝等造物主決定了我們的命運。而接受唯物論的人，只相信現世的努力。但佛教對世界的理解是四個字——因緣因果。因緣就是各種條件，包括主要條件和次要條件。當條件具備了，就會產生結果。

在人生因果中，核心是我們的起心動念，也就是因。佛教把它分為善、惡、無記（不善不惡）三類。這些念頭還會通過三個管道表現出來。在思想上，叫作意業；把它說出來，比如你要罵人或讚歎別人，叫作語業；表現在身體行為上，就是身業。

我們的起心動念和行為，都會在內心播下種子，所以佛教把心叫作心田。當這些種子產生作用後，力量又會得到強化，所以心念是發展的。比如貪心，如果你不斷起貪，貪的念頭就會越來越大。此外，有的人愛生氣，不斷生氣，嗔心的力量會越來越大；有的人很有愛心，經常對別人生起愛心，慈悲的力量會越來越大……每個心念都是有力量的，而且會不斷增長。久而久之，它會成為我們的心態、性格，並最終成為人格。因為這樣的心態乃至人格，又會感召我們的生活氛圍，乃至生存環境。這個過程，很多人應該經歷過。

社會上也在使用業的概念，比如農業、工業、商業等。人們從事各行各業的工作，往往會形成相應的人格。比如商人會有商人的人格，農民會有農民的人格，軍人會有軍人的人格，藝術家會有藝術家的人格……這些人格的形成和成長，正是業的積累。不同行為會產生不同業力，最終成就不同的生命結果。這些業果是真實不虛的。

我們過去對業的認識，更多是從外在因果來理解。因為我們看不到過去，也看不到來世，所以會不相信業力。事實上，業力還可以從我們這一生去理解，可以從心路發展和人格形成去理解，這叫心靈因果，也叫當下因果。從這個角度，對業就更容易接受。

因為業會形成不同的心態和人格，所以我們對每個起心動念要特別謹慎。在無盡輪迴中，我們曾造過很多惡業，這些惡業終會將我們導向三惡道。只要沒有出離輪迴，即便現在過得再好，享受再優越的環境，都是暫時的，都不應該貪著，因為輪迴的本質是痛苦的。

從另一個角度說，是不是我們享受優越的環境，就能過得快樂？其實不然。外境只是產生快樂的助緣，能不能帶來快樂，還和我們的需求有關。只有當我們產生需要，得到時才會快樂。如果不需要，即使得到，也是沒感覺的。我想這一點大家都有體會。

快樂還有一個硬條件，就是沒有煩惱，沒有心事，這樣才容易快樂。反過來說，如果你心事重重，煩惱很多，不論得到什麼，或是有什麼樣的外境，都是快樂不起來的。想一想，是不是這樣？因為每個生命內在都有迷惑，有煩惱，所以只要還在輪迴中，我們都不能得到究竟意義上的快樂。

「思惟能除後世欲。」通過以上思惟，可以幫助我們捨棄對後世的貪著。那麼，如果我們不追求快樂，是不是會一天到晚過著苦苦惱惱的日子？是不是人生就不需要快樂了？並不是這樣。佛法是要我們捨棄輪迴中不究竟的快樂，捨棄有強烈負面作用的快樂，建立究竟、解脫的快樂。

我們現在的快樂建立在惑和業的基礎上，而惑業是不斷製造痛苦的機器。所謂的快樂，只是在改變外境過程中，痛苦被暫時緩解而產生的。佛法讓我們追求的，是立足於解脫和智慧的快樂。因為生命既是製造痛苦的源泉，也是製造快樂的源泉。當我們找到快樂的源泉，就會源源不斷地產生快樂。就像佛菩薩那樣，時時安住於快樂中，因為他們已經找到製造快樂的源泉。

而我們現在的快樂源自無明，從本質上就是痛苦的。如果追求這種快樂，就意味著，我們同時在製造痛苦。佛教讓我們放棄迷惑系統的快樂，不是要拒絕快樂，而是希望我們追求究竟的快樂。

3・出離心生起的標準

> 修已於輪迴盛事，不生剎那之希望，晝夜唯求解脫心，起時是生出離心。

出離心怎樣才算生起？通過以上思惟，你已能對輪迴中的盛事沒有期待。比如當官、發財、愛情，所有這些世間認為最好的東西，你都生不起絲毫期待，一心只想解脫，只想出離迷惑和煩惱，只想得到解脫的快樂。這就意味著，你的出離心已經生起。

快樂有兩種，一是輪迴的快樂，是短暫而有副作用的，非常麻煩；一是解脫的快樂，是究竟而沒有副作用的，是一勞永逸的。一旦得到解脫的快樂，就能永遠享受，沒有盡頭。通過這樣的比較，你們覺得哪種快樂好？

所以說，出離心不僅是出家修行的重要基礎，對在家居士同樣重要。有句話叫「以出世之心做入世之事」，大家應該很熟悉。我們如何才能生活在世間，不為五欲六塵所染，像蓮花一樣出淤泥而不染？如何才能不陷入迷惑和煩惱？需要有超然的心態。

出離心就是幫助我們培養超然的心態。面對同樣的世俗生活，為什麼有人陷得很深，有人陷得較淺，有人根本陷不進去？關鍵不在於環境，而是在我們的心。如果內心對感情、財富、地位等有一份強烈的執著和需求，百分之百要陷進去。

那麼，怎樣才能去除這份執著和需求？就要深刻意識到，輪迴本質是痛苦的。如果有一份超然的心態，帶著慈悲和利他心，一樣可以做很多世間的事，一樣可以享受五欲六塵，但我們不會被傷害。反之，當心陷入五欲六塵時，就會成為這份執著和需求的奴隸，根本不能自已。你只是聽從內心的執著和需求，做或不做，都是身不由己的。

出離心，是幫助我們培養一份不黏著的能力。雖然在做很多事，但心不會黏上去，從而保有超然、自由的心態。世間很多人都被某種需求所控制，有人被賭博的需求控制，有人被吸毒的需求控制，而更多的人則被對感情、財富的需求控制。為什麼被控？不是說財富會控制你，而是你對財富的執著，在內心形成了強大的需求，是這些需求控制了你，使你的心黏到財富上。當你的心黏上去，就會被財富，或是感情、家庭、權力等左右。

只有不黏上去，才談得上超脫，談得上以出世之心做入世之事。否則，我們永遠都是執著、需求和煩惱的奴隸，永遠在為無明打工，為內心的欲望打工，無法自主。這就是凡夫的生命現狀。

我們想成為生命的主人，必須認識內心的自主力量。禪宗要我們尋找——你的主人是誰？你不要把妄想當作主人，也不要把情緒當作主人。如果把妄想和情緒當作主人，就是「認賊為子」。這些不良情緒和錯誤想法，將不斷給我們製造煩惱，製造痛苦，製造生死，製造輪迴……這種生命是沒有盡頭的，輪迴也是沒有盡頭的。

所以，我們一定要認識到出離心的意義。出離，就是出離輪迴，出離內在的迷惑和煩惱。

六、菩提心

其次是菩提心，共有三個偈頌。

出離若無菩提心，所持則亦不能成，無上菩提樂因故，智者應發菩提心。
常被四瀑流所沖，難止業繩緊密繫，投入我執鐵網孔，無明大暗所蒙蔽。
無邊有海生又生，常被三苦所迫害，已成如此諸母等，情狀思已發大心。

在佛法修行中，出離心是解脫道的基礎，菩提心是菩薩道的基礎。什麼叫菩提心？就是覺悟的心。完整地說，菩提心是一種覺悟而利他的心。

《瑜伽師地論》說，菩提心就是一種希求，是「我要成就無上菩提，成就最高覺悟，進而幫助一切眾生解除痛苦」的願望。這個願望包含兩方面。從自己來說，要成就圓滿的覺悟；從眾生來說，要像佛陀那樣，帶領一切眾生走向覺悟，而不僅僅是為了自己。所以菩提心首先是崇高的願望，又稱願菩提心。

菩提心有兩種，一種是相對的，一種是究竟的。發起「我要成佛，要利益一切眾生」的願望，是相對的菩提心。而究竟的菩提心，需要證悟空性後才能開顯，又稱勝義菩提心。

那麼，菩提心和前面所說的出離心有什麼關係？如果只是想著自己解除迷惑痛苦，就是出離心，是小乘的發心。而大乘的菩提心不僅自己要出離，同時要看到芸芸眾生在輪迴中受苦受累，發願帶領一切眾生出離輪迴，走向解脫。所以，菩提心是出離心的延伸和圓滿，是把解脫對象從自己延伸到一切眾生。

我們現在的生命處於迷惑和輪迴中，因為看不清自己，所以不斷地製造痛苦，製造煩惱，製造生死。菩薩看到迷惑的過患，同時發現，每個生命內在還有覺悟潛力，決心開發這種潛力。這是發菩提心的開始，也是生命覺醒的開始，菩薩道修行的開始。

菩薩又叫覺有情，一方面是自己覺悟，一方面是幫助眾生覺悟。當這種覺悟沒有圓滿時，就是菩薩。當這種覺悟達到圓滿，就成佛了。漢傳佛教屬於大乘，修行的兩大內涵就是菩提心和空性見，可見菩提心的重要性。

《金剛經》說，三乘聖賢皆以無為法而有差別。從證悟空性來說，三乘聖賢是相通的。大乘和小乘的區別，關鍵在於有沒有菩提心。只有發起菩提心，你才是大乘佛子，反之則是小乘。如果我們要走上菩薩道，一定要發起菩提心，並通過受戒來確認這一誓言。

在漢傳佛教的傳統中，只有菩薩戒，不講菩提心戒。因為不重視菩提心，很多人雖然受了菩薩戒，卻不具有利益眾生的願望和慈悲情懷，不能繼承和發揚大乘積極利他的精神，也就不能成為合格的菩薩行者。

其實每個人多少會有悲憫之心，如何擴大這念悲心？就要通過發菩提心，經常想著「我要幫助他人解除痛苦」。在憶念過程中，使慈悲心得到增長。你的心量有多大，慈悲心就能發展得多大。當我們真正願意幫助一切眾生，並能對一切眾生心生慈悲，就是佛菩薩的大慈大悲。反之，如果還有一個眾生不是你慈悲的對象，就說明慈悲心的修行還沒有圓滿。所以，菩提心可以使有限的慈悲變成無限的大慈大悲。

從修行結果說，聲聞人只修智慧，只是成就解脫的智慧。而佛菩薩不僅成就解脫的智慧，同時成就無限的慈悲，圓滿悲智兩大品質。

《法華經》說，凡夫的生命現狀就像正在燃燒的火宅，欲望、煩惱、需求熊熊燃燒，所謂五蘊熾盛。學佛，就要從這個火宅中逃出來。有人可能只想著自己逃，「觀三界如火宅，視生死如冤家」，那是小乘的發心，就會成為自了漢。有人想著這裡還有很多親人，不能光自己逃，還要帶領一切眾生逃出火宅，那才是菩薩的發心。

有了出離心之後，還要有菩提心。否則，對在家居士來說會很麻煩。你想出離，對世間的一切不感興趣，工作也不肯做，家庭很容易出問題。所以要發菩提心，要利益一切眾生。在家庭中，把我們的父母、兄弟、姐妹當作菩提眷屬，當作需要幫助的對象；在工作上，盡職盡責，善待身邊人，把狹隘、執著的愛，轉變為無私、寬容、沒有占有的大愛。如果你能用這種大愛對待家人，乃至身邊更多的人，那麼在完成世俗責任的同時，就是在踐行菩薩道。

不論修習解脫道還是菩薩道，不是一定要出家。當然出家的修行條件會更好，但每個人還要看自己的因緣。很多菩薩也是以在家身分出現的，所以居士一樣可以行菩薩道。如何才能身在紅塵而解脫自在？必須有出世的超然。否則就會陷入泥潭，難以自拔。那就是泥菩薩過河，而不是真菩薩了。你們想當泥菩薩，還是當真菩薩？

1．菩提心的重要性

出離若無菩提心，所持則亦不能成，無上菩提樂因故，智者應發菩提心。

在菩薩道修行中，菩提心是貫穿始終的、最基礎也最根本的發心。

「出離若無菩提心。」作為菩薩道修行來說，如果不發菩提心，僅僅發出離心，是不夠的。佛陀最初曾開示聲聞教法，以證阿羅漢果為修行目標。但後來在《法華經》又說：「十方國土中，唯有一乘法，無二亦無三，除佛方便說。」告訴我們：過去講的人天乘、聲聞乘、緣覺乘教法，只是成佛修行中的化城，是暫時休息的地方，而究竟目標是成佛。換言之，十方世界只有一條路，那就是菩薩道，成佛道。

《法華經》還說：「諸佛世尊以一大事因緣出現於世。」佛陀為什麼要出現在這個世間？就是要完成最重要的事——開示眾生悟入佛的知見。也就是說，要引導眾生體悟佛陀具備的智慧，帶領一切眾生成佛。這才是佛陀出世的本懷。

「所持則亦不能成。」如果我們不發菩提心，只發出離心，只想著個人解脫，修行是不會圓滿成就的。

「無上菩提樂因故。」菩提心是無上菩提的因，是究竟快樂的因。有人說學佛不講利益，其實不然。《金剛經》常說，讀誦受持本經能得到多少功德。這也是一種利益，而且是無量無邊的利益。可以說，成佛就是最大利益。

《道次第》說，佛法的引導分為眼前利益和究竟利益。我們通過學習佛法，修習善行，可以獲得人天果報，這是眼前利益；進一步，還能帶領我們走向解脫，成就無上菩提，這是究竟利益，是永恆的快樂。這種利益、快樂從哪裡來？不是來自財富、地位，而是來自內在的覺醒的心。找到這個源頭，就能得到究竟的利益和快樂。而我們現在追求的，都是暫時的利樂。要算一算，追求什麼才划得來。

「智者應發菩提心。」認識到菩提心對生命的重要性之後，有智慧的人應該發展菩提心，而不是發展貪心、嗔恨、我慢、嫉妒。否則，將製造無窮無盡的麻煩。

2．如何發起菩提心

> 常被四瀑流所沖，難止業繩緊密繫，投入我執鐵網孔，無明大暗所蒙蔽。
> 無邊有海生又生，常被三苦所迫害，已成如此諸母等，情狀思已發大心。

如何發起菩提心？共有兩個偈頌，主要是基於對生命痛苦現狀的思考。我們和眾生一樣，解脫之前，都在無明製造的迷惑、煩惱、痛苦中輪迴。發起菩提心，首先要去感受這份痛苦，將心比心，認識到無量眾生都處在這種狀態。當我們對生命現狀有清晰的認識，才會真正意識到菩提心的價值。

那麼，凡夫的生命現狀究竟是怎麼回事？

「常被四瀑流所沖。」眾生時時刻刻被四種瀑流衝擊。大家都看過瀑布，它有什麼特點？一是相續性，流動時相續不斷；二是力量強大，瀑布從高處沖下時，所有的魚和草木立刻被沖下去了，根本抵擋不住。佛經中，常用瀑布形容心的相續，西方哲學也有類似說法，用流水比喻意識的活動。

佛法認為，心是緣起的，不是永恆不變的，並以四個字來形容它的特點——相似相續。相似，即前面和後面的心是相似的；相續，即前面引導後面，後面推動前面。在我們的內心，常被四種瀑流沖擊。這四種瀑流是什麼？

一是「欲」的瀑流，主要有五種：財，是對財的需求；色，是對性的需求；名，是對名聲的需求；食，是對飲食的需求；睡，是對睡眠的需求。此外，還有感官產生的五種需求：眼睛希望看到好看的顏色，耳朵希望聽到好聽的聲音，鼻子希望聞到好聞的氣味，嘴巴希望吃到好吃的，身體希望接觸舒適的環境。這些需求是持續不斷的，所以人每天都在尋找自己需要的各種東西。

二是「有」的瀑流，包括貪著和煩惱。對喜歡的對象，我們會生起貪著，並由此帶來煩惱。我們總是帶著這份貪著和煩惱去接觸每件事，面對每個問題。這種貪著和煩惱有著強大的力量。貪著家庭，會形成和家庭有關的煩惱；貪著事業，會形成和事業有關的煩惱；貪著感情，會形成和感情有關的煩惱。當我們面對這些外境，貪著和煩惱會本能地被引發。然後帶著這份貪著和煩惱面對家庭、事業……在面對過程中，貪著和煩惱繼續增加。如此，循環往復，力量巨大。人在自己製造的這些力量中，是很難走出來的。

三是「見」的瀑流，主要指我們的錯誤認識和觀念。在成長過程中，我們不知不覺接受了很多觀念。其中，有些是父母給的，有些是學校給的，有些是社會潮流給的，多數都沒經過自己的理性審視。

由此形成的價值觀，往往是錯誤的。當我們帶著這些價值觀觀察世界，思考問題，久而久之，就會形成強大的力量，左右我們的選擇，甚至左右我們的人生。

四是「無明」的瀑流。在我們的生命中，除了菩提自性，還有強大的蒙昧力量，使我們看不清自己，看不清世界。

凡夫都是活在這四種力量中，身不由己。想一想，這是不是我們的現狀？不相信都不行，確實是這四種力量在主導著我們，決定著我們的方向。

「難止業繩緊密繫。」業就是行為。伴隨這四種瀑流，我們會產生各種善或不善的行為。這些行為決定了你是什麼。印度婆羅門教將人分為婆羅門、剎帝利、吠舍、首陀羅四種姓，即四個等級。現代社會則有白領、藍領、金領之分，有打工者和老闆的分別。總之，會根據血統、種族、地位等外在條件區分人的貴賤。但佛教是以行為加以區分，你的行為高尚，就是高尚的人；你的行為低劣，就是低劣的人。

因為行為會產生心態，形成性格，進而造就生命品質。所以佛教說，業決定一切——你的行為決定了你是什麼。

在六道中，有動物道，包括水裡游的、天上飛的，還有餓鬼、地獄、天、人等。這些生命形態都是業力決定的。而人道中的美醜、壽夭、貧富等，也和業力有關。此外，社會上工農商學兵各行各業，也會因為業的差別，形成不同的人格，造就不同的生命品質。

業使我們成就某種生命形態，形成某個身分，擁有某些特殊能力，同時也帶來某種局限。比如魚只能生活在水中，沒辦法生活在陸地；人既不能生活在水裡，也無法不藉助器械就飛起來；男眾要受自身業力的局限，女眾也受到自身業力的局限。再如我們的眼睛、耳朵等，提供了視覺、聽覺的作用。但因為業力的關係，決定了我們能看到什麼，看不見什麼；能聽到什麼，聽不見什麼。

雖然生命形態對我們有影響，但我們是可以超越它的。因為每個有限生命的背後都是無限。佛教說，有限和無限是統一的。為什麼我們的生命會被某種形式局限，無法跳出來？關鍵在於我執和法執。

我們對每種身分，以及看到的每個問題、每件事，都會有觀念性的認定。比如我們把身分當作「我」，把身體當作「我」，把很多想法當作「我」，這是我們對自己的認定。我們看到世間每個東西，會認為它就是什麼——比如這就是桌子，這就是佛像，這就是房子，都是非常真實的。有了這個認定，接著又會覺得它好或不好，有價值或沒價值。我們會對它作審美的認定，作價值的認定。很多認定都和文化有關，和我們自身的需求有關。

我們又會執著自己的認定，認為它就是這麼回事。想一想，是不是這樣？因為這種認定和執著，就把我們和這個對象牢牢綁住。被綁住的原因不是其他，正是你對它的認定，以及由這種認定發展的執著。

「投入我執鐵網孔。」你本來可以不被綁住，但因為你對它的認定、需求和執著，使自己被牢牢綁住。最後覺得你的身體就是你，你的想法就是你，進而認為你的孩子就是你，你的太太就是你，你的事業就是你……錯誤認定就像鐵網一樣，把你和這些對象牢牢綁住。如果你不作這種錯誤認定，不進一步產生執著，其實沒什麼能綁住你。任何東西之所以能綁住你，都是因為自己的錯誤認定和執著，以及由此建立的需求。所以說，本來沒什麼能綁住你，是你把自己綁住了。

「無明大暗所蒙蔽。」為什麼會出現這種現象？就是因為無明，使我們看不清自己，看不清世間真相，所以才會產生錯誤認定，並由執著形成需求，然後被需求左右，跟著這個需求跑。這一切的根源，都是因為看不清。

以上這四句話很關鍵。我們的整個生命狀態，乃至一切眾生的生命狀態，都是被這四種瀑流左右。業力的作用，我執的作用，根源都在於無明。因為無明，所以有我執；因為我執，所以產生業力。看到這種狀態，想一想，眾生可憐不可憐？

「無邊有海生又生。」有海，即三界的生死苦海。在這裡，我們一生又一生地受生，生生不已，所謂業力無盡，生死無窮。因為無明，就會產生我執，形成貪嗔痴；因為貪嗔痴，就會造業；因為造業，就會導致生死和輪迴。在輪迴中，我們還是看不清，還是隨著四種瀑流拚命往前沖。在瀑流中，繼續執著、造業、輪迴，繼續看不清楚……

佛教中，把這個過程叫作惑業苦。因為迷惑而造業，由此招感輪迴的痛苦。在痛苦中，我們還是繼續迷惑。這種迷惑正是每個人當下的現狀。我們看不清自己，看不清生命從哪裡來，未來到哪裡去。因為迷惑，所以在煩惱和生死輪迴中，度過了一生又一生。每一生都要經歷悲歡離合，生離死別。來的時候歡喜一通，走的時候痛哭一通，不知經歷了多少次。正如佛經所說，在生生不已的輪迴中，我們曾經流過的血比四大海的水還多，曾經留下的骨頭比喜瑪拉雅山更高。

「常被三苦所迫害。」在這樣的輪迴中，我們時常被三種痛苦所迫害，即苦苦、壞苦、行苦。苦苦，是每個人都能感到的痛苦，如生病的痛苦，衰老的痛苦，死亡的痛苦，親愛的人不能在一起的痛苦，冤家路窄、低頭不見抬頭見的痛苦，拚命追求卻得不到的痛苦，還有身心種種躁動帶來的痛苦。

壞苦，是我們認為的快樂，如愛情的快樂，家庭的快樂，賺錢的快樂，但只要你在乎它之後，很快會變成痛苦。想一想，是不是這樣？我們在乎的所有快樂，你越在乎它，當它變化時，給你帶來的傷害就越大。這種傷害和在乎程度是成正比的。

行苦，是無常變化帶來的痛苦。無常為什麼會成為痛苦？是因為我們希望一切永恆。有了這樣的執著，外境的變化才會引發痛苦。

眾生不斷被這三種痛苦迫害。那麼，這些痛苦從哪裡來？並不是別人加給我們的，歸根到底，還是自己造成的，是四種瀑流造成的，是我執造成的，是貪嗔痴煩惱造成的。

「已成如此諸母等，情狀思已發大心。」我們想到生命的現狀，有沒有感到自己正處於這種狀態？有沒有為自己的生命擔心？我們不僅要為自己擔心，還要為無量眾生擔心。只要不是覺悟的聖者，生命都處於這種現狀。而在無盡輪迴中，這些眾生都曾和我們有過父母、兄弟、姐妹的關係，我們忍心看著他們受苦而不管嗎？

關起門來發菩提心還比較容易，但真正面對實際的眾生，並不容易做到。因為發菩提心和人的自私本性不吻合。有人可能會說，幫助眾生對我有什麼好處？在我們內心，覺得眾生和自己並沒有什麼關係。更何況，很多眾生可能是你不喜歡的。這個自私本性，就是我執為中心的人格。其特點就是為我服務，為我的生存，為我過好日子服務。

那麼，利他究竟和我們有什麼關係？對解脫有沒有幫助？佛法告訴我們，利他的修行，不僅對眾生有幫助，自己也是最大的受益者。為什麼這麼說？在真心利益別人的過程中，可以有效地弱化我執。我們為什麼不能解脫？不能開發出生命內在的覺悟本體？就是因為，現有人格是以我執為中心形成的。

如何走出這個迷亂系統？首先要弱化我執，一心想著利益眾生，沒有任何私心。只要還有私心，所謂的利他行最終還是為我執服務的。就像有人做慈善，只是為了讓自己顯得更高尚，那就還是在為迷亂的系統打工，在為我執打工。而利他不僅可以弱化我執，開顯生命內在的覺性，同時可以在利益眾生的過程中，使慈悲心得以成長。

我們認識到輪迴的過患，認識到如母有情在六道中的處境，同時認識到發菩提心對改善自己和他人生命的重要性之後，一定會發起菩提心。如果不開發生命內在的覺悟，我們發展的必然是凡夫心，是貪嗔痴，就無法走出迷亂狀態。那麼，生命是沒有出路的，痛苦和輪迴是沒有盡頭的。

如果我們對以上思惟有真切認識，一定會毫不遲疑地選擇發菩提心。

我們這次安排了受菩提心戒。當我們發起願心，還要通過宣誓，對這個選擇加以確認。這就意味著我們正式走上了菩薩道。菩提心戒非常殊勝，漢傳佛教獨此一家，希望大家積極參加。當然，前提是你對這個選擇有明確認識，而不是稀里糊塗地湊熱鬧。

七、空性見

第三部分是「空性見」，幫助我們從凡夫改變為聖賢，共五個偈頌。

> 不具通達實際慧，雖修出離善菩提，不能斷除有根故，應勤通達緣起法。
>
> 見世出世一切法，從因生果皆不虛，所執之境本無者，彼入佛陀所喜道。

現相緣起不虛妄，性空離許之見二，何時見為相違者，尚未通達佛密意。
一旦同時不輪番，已見緣起不虛妄，若證滅盡諸境執，爾時觀察見圓滿。
又由現相除有邊，及由性空除無邊，了知性空現因果，不為邊執見所奪。

前面講的出離心、菩提心，是一種願望，相對而言，是從世俗諦角度說的。佛法分二諦，有世俗諦，勝義諦。世俗諦是建立在世俗心的基礎上，離不開我們的心意識，離不開迷妄的生命系統，是凡夫認識的境界；而勝義諦是代表空性、真理的層面，是聖賢認識的境界。

1．空性見的重要性

不具通達實際慧，雖修出離善菩提，不能斷除有根故，應勤通達緣起法。
見世出世一切法，從因生果皆不虛，所執之境本無者，彼入佛陀所喜道。

「不具通達實際慧。」什麼叫實際？佛教中，也叫實相，也叫空性，也叫真如，也叫本來面目。用世間的話說，是事物的真相。

首先要知道，我們現在的認識是不符合事物真相的。我們對世界的認識模式，是由迷惑系統，以我執為中心建立起來的。當我們帶著這套錯誤模式看世界，就像一個人戴著有色眼鏡，你看到的世界，早已被有色眼鏡處理過。你以為看到的是真實的，其實是帶著個人色彩的。

最要命的是，我們不知道這些認識是錯誤的，從而執著於此，引發很多煩惱，很多痛苦。在煩惱和痛苦中，我們繼續帶著錯誤認識面對問題，進一步產生煩惱，產生痛苦。如何才能改變這種現狀？就要具備認識生命真相的智慧。誰能告訴我們這種智慧？只有佛菩薩。因為佛菩薩成就了大智慧，所以能看到凡夫生命的迷惑，同時也看到世界真相。如果我們具備認識真相的智慧，具備正確觀念，就能走出迷惑的系統。

「雖修出離善菩提。」如果不具備通達實際的智慧，雖然也修出離心，也修菩提心，但只是一種美好的願望，只是世俗菩提心。當然這種菩提心也有用，但不能徹底解除輪迴根源，解除生命的迷惑狀態。

「不能斷除有根故。」什麼叫有根？有是三有，有根就是產生輪迴的基礎，即無明、迷惑、煩惱。靠什麼斷除輪迴之根？一定要靠空性智慧。所以禪宗講「明心見性」，只有這樣，我們才能究竟解除迷惑的根源。

「應勤通達緣起法。」空性慧有兩個層面，一是聞思所得，即世間的層面；二是現量體證，即出世間的層面。在世間層面，也能幫助我們逐步解除煩惱，但究竟解決，一定要出世間的空性慧。怎樣才能具備空性智慧？必須努力通達緣起法，學會以緣起的眼光看世界，看待一切現象。

「緣起」代表佛法對世界的認識。佛教不認為世界是神造的，也不認為世界是偶然的。前面說過，佛教對世界的認識就四個字——因緣因果。「諸法因緣生，諸法因緣滅，我佛大沙門，常作如是說。」一切的存在，都是因緣顯現。各種條件（因緣）和合，事物就產生了；條件敗壞，事物就消失了。所以叫緣生緣滅，緣聚緣散。

就像這個桌子、房子、花朵，乃至一切事物，都是眾多因緣的和合。除了因緣外，它是沒有自性的。什麼叫自性？比如這朵花，有沒有不依賴條件、能自己存在的花？我們再想一想，世上有沒有哪個東西，是離開條件可以自己存在的？沒有。一切都是因緣所生，一切的存在都是因緣假相。我們說這個東西叫桌子，其實桌子只是假名而已。它是不是一定要叫桌子？其實不一定。桌子、房子乃至一切事物，同樣是一些假名。但人們安立假名後，會執著這個東西就叫桌子，執著桌子的真實性，以為它是獨立存在的，不依賴條件的。進而還會認為它好或不好，很有價值或沒有價值。所有這些定義，其實是人們加上去的。在客觀上說，這些事物只是一堆因緣的假相，條件的假相。

佛法告訴我們緣起的智慧，關鍵是告訴我們——一切事物的自性是空的。什麼叫自性？就是不依賴條件而能永恆存在的。比如不依賴條件永恆存在的花朵，不依賴條件永恆存在的桌子，不依賴條件永恆存在的房子……這些有沒有？都是沒有的。但在我們的觀念中，總覺得有這樣一個東西。我們不懂得從緣起觀察，往往喜歡孤立地看問題，並把自己的價值觀投射上去，以為它一定就是如此。不如此的話，我們就會不高興。這是凡夫的特點。學佛，要學會從緣起的正見看世界。

「見世出世一切法。」世間法是有漏的，出世間法是無漏的；凡夫的境界是有漏的，佛菩薩的境界，聖賢的境界，才是無漏的。

「從因生果皆不虛。」不論凡夫的生命現象，還是聖賢的生命現象，都離不開因果規律。佛教講的四諦法門，即苦、集、滅、道，其中包含兩重因果。苦和集代表流轉的因果，滅和道代表解脫的因果。如果你想解脫，就要遵循解脫的因果，從八正道的正見、正思惟，到正念、正定，最終抵達解脫。所以，不管世間法還是出世間法，都是從因生果，這是真實不虛的。

有人看到佛法說四大皆空，以為什麼都可以不在乎。如果你這麼認為，就是一種斷見，是最可怕的。佛法說：「寧起我見如須彌山，不起空見如毛髮許。」也就是說，寧可我見很重，甚至比須彌山還重，也不能有微小的斷滅見。因為持斷見者不相信因果，對一切無所畏懼，做人沒有底線，那是很可怕的。

現在執斷見的人很多，因為我們深受「人死如燈滅」的唯物論影響，覺得死了什麼都沒有，就會無所畏懼。現代人唯利是圖，沒有道德底線，沒有做人準則，都和沒有因果觀念和敬畏心有關。所以說，這種斷見不管是對個體生命的成長，還是對整個社會的安定，都有負面作用，非常可怕。

佛法認為，世界遵循緣起和因果的規律。《道次第》講到業的四個總則——業決定之理，業不作不得，業作已不失，業增長廣大。告訴我們：所造的業必定感果，沒造的業不會感果，造過的業不會丟失，而且業是會發展的。有道是：「假使百千劫，所作業不亡，因緣會遇時，果報還自受。」你在內心播下一顆業種，即使經歷百千萬劫，這顆種子還在。一旦條件成熟，受報的時間就到了，所謂「不是不報，時間沒到。時間到了，一定受報」。

我們不要以為死了什麼都一筆勾銷，沒這麼簡單。如果什麼都沒了，那還好辦，麻煩就在於死不了。這種煩惱的折磨，這種輪迴的苦，地獄的苦，讓你求生不得，求死不能。你想死也不行，沒那麼便宜。

「所執之境本無者。」因果一定是有的，但你在因果現象上設定的這些執著是沒有的。關於這個道理，佛法有個生動的比喻。就像我們晚上看到一條繩子，因為光線不好，把繩子當作是蛇，覺得很恐怖，被嚇出一身病。客觀上，繩子有沒有？有；蛇有沒有？沒有。但在我們的認識中，卻有蛇，而沒有繩子。

「所執之境」是指我們的錯誤認定，告訴我們，你把繩子當作蛇，但你所認定的實實在在的、會咬人的蛇，客觀上根本不存在。就像我們現在的認識，覺得身體是我，思想是我，以及什麼是我；覺得這個桌子非常真實，很有價值或沒價值，好看或不好看……所有這一切，並不是桌子本身的，在客觀上是沒有的，而是我們加上去的。

為什麼要去掉錯誤認定？因為這些認定使我們和某個東西綁在一起，不斷地被它左右，進而發展出煩惱；因為錯誤認定，使我們不斷地產生痛苦，不斷地經歷輪迴。我們必須認識到，這些設定是錯誤的，是沒有的，才能放下執著。否則的話，我們會以為它就是好的，就是有價值的，就是我需要的，得到這個東西就如何如何……從而活在種種設定的感覺中。只有認識到所執之境其實並沒有，如實地看待它，才能解除對這些現象的執著和需求，從中超脫出來。

只要有執著，你就被綁住了。所以是你拿一根繩子把自己綁在桌子上，而不是誰把你綁住了。我們不斷製造一些繩子，一會兒把自己綁在車上，一會兒把自己綁在房子上，一會兒把自己綁在某人身上。然後越綁越多，越搞越大，最終動彈不得。想想看，我們是不是每天都在做這樣的事？看清生命真相後，我們會發現，凡夫真是很愚痴，不是一般的。

「彼入佛陀所喜道。」當你真正認識到一切法都是因緣所生，因果不虛，同時認識到自己在因緣因果上所做的設定是沒有的，就能獲得正確認識，獲得空性智慧。這是佛陀引導我們證悟解脫的智慧，是幫助我們斬斷繩索的一把利劍，也是走出輪迴的一扇大門。如果沒有這把利劍，不打開這扇門，我們就不可能斷除煩惱，超越輪迴。

2・正見生起的標準

下面的偈頌是說明正見生起的標準，幫助我們認識空和有的關係。

現相緣起不虛妄，性空離許之見二，何時見為相違者，尚未通達佛密意。
一旦同時不輪番，已見緣起不虛妄，若證滅盡諸境執，爾時觀察見圓滿。
又由現相除有邊，及由性空除無邊，了知性空現因果，不為邊執見所奪。

對空和有，我們已有自己的認識。比如我們認為這個桌子是有的，什麼都沒有就是空的。當我們說有的時候，很容易把它想成永恆的，真實不變的；當我們說空的時候，會覺得它是一無所有的。在我們的觀念中，空和有是對立的，不能並存。有就不是空，空就不是有，充滿常見和斷見。這種無明製造的錯誤知見，會給我們製造痛苦，製造輪迴。那麼，宗大師為我們開示的中觀正見是怎樣的？

「現相緣起不虛妄。」什麼叫緣起？就是因緣和合而生的現象，這是真實不虛的，不是沒有的。我們一定要認識到，因果是有的。但它是什麼程度上的有？關鍵就在這裡。我們一說到「有」，就覺得它是真實的，固定的，永恆的。而佛法說到「有」，往往還會加個字，那就是「假」。這個有是一種假有，是一種因緣假相，不是真實不變的有。在這個有裡面，除了條件的組合，找不到固定不變的自性。

在古代，人們以為物質可以分到最小的、不可分割的原子之類，印度稱為「極微」，然後由這個元素構成整個大千世界。但從佛法的角度看，並沒有這樣一個不可分割的實體。早期的唯識論師就批判這一思想，質問說：如果有不可分割的實體，那麼請問，這個極微有沒有形狀？因為作為物質實體的存在，必然會有形狀。如果有形狀，一定還有六個面，那就還可以再分。而中觀所說的無自性空，同樣否定這個不可分割的實體。認為任何事物都是條件的組合，找不到不依賴條件存在的實體。現代的量子力學通過對物質世界的分析，提出波粒二相性，也從另一個角度證明了佛法的觀點，即沒有不可以分割的實體。

總之，從物質世界到我們的心理現象，都沒有固定不變、不依賴條件的自性。我們雖然看到緣起的不虛妄，看到它是有的，但要清楚，這種有是因緣和合的假有，並不是真實的。

「性空離許之見二。」我們平時理解的空，是什麼都沒有的空，是單空、偏空、頑空。佛教講的空，是自性空。因為一切現象都是緣起的，沒有自性，沒有不依賴條件存在的特質，所以才說它是空的。即《心經》所說的「色不異空，空不異色；色即是空，空即是色」。

「色不異空，空不異色」告訴我們，物質現象的存在和自性空，不是兩個東西，而是就一個問題所作的不同說明。比如這張桌子，既是色，也是空。進一步，「色即是空，空即是色」。因為色是緣起的，無自性的，所以當下就是空的。這樣一種無自性空，並不妨礙緣起顯現。緣起的當下就是空，空的當下就是緣起。緣起性空，性空緣起，同時說明一個事物，絲毫不會衝突。

讀過《金剛經》就知道，經中有個著名的公式——所謂，即非，是名。比如我們說這個桌子：所謂桌子，即非桌子，是名桌子。

所謂桌子，說明這個桌子是因緣和合的；即非桌子，說明桌子的存在，是由眾多非桌子的元素組成；是名桌子，是說我們在眾多非桌子的元素上，安立一個假名，把它稱為桌子。桌子本身其實是空的，是依賴條件而存在，不是以自己的方式存在。我們要探討桌子的本質是什麼，其實離開條件是找不到的，因為它無非是一堆假相而已。所以說，桌子的本質是空的。

那是不是就沒有桌子？也不對。桌子的現象是有的，而且我們還給它安立一個「桌子」的假名。但這個現象是一堆條件組合的假相，其本質是空的，無自性的。如果我們認識到桌子是空的，沒有自性的，只是條件的假相，就是中道的認識，就是般若正觀。

我們還要學會運用般若正觀，觀察生活中的每件事、每個人。你的財富：所謂財富，即非財富，是名財富；你的家庭：所謂家庭，即非家庭，是名家庭。或者是：家庭不異空，空不異家庭；家庭即是空，空即是家庭。經常這樣觀察，就能擺脫對財富和家庭的錯誤認定，由此建立的執著、煩惱也將隨之瓦解。

佛教講到三種般若，從文字般若到觀照般若，從觀照般若到實相般若。學習佛法，就是要獲得佛法智慧，將此轉化成自己的觀念，以此觀察世界，處理每個問題。

「何時見為相違者，尚未通達佛密意。」如果你什麼時候認為，緣起和性空是對立、衝突的，是兩碼事——有就是有，空就是空，有的就不是空，空的就不是有，那說明你還不懂得佛法正見，還沒有領會佛陀為我們開示的中觀正見。

「一旦同時不輪番。」如果有了智慧，當你面對外境，在看到有的同時，也能看到它是空的，無自性的；看到空的同時，也能看到假相宛然。這種關於有和空的觀察，才是「同時不輪番」。而不是先觀察有，再觀察空；或者先觀察空，再觀察有，那是輪番。

這正是《心經》所說的「色不異空，空不異色，色即是空，空即是色，受想行識亦復如是」。此外，經中所說的「無眼耳鼻舌身意，無色聲香味觸法，無眼界乃至無意識界，無無明亦無無明盡，乃至無老死亦無老死盡」，也是引導我們觀察五蘊、十二處、十八界的當體即空。進一步，觀察生死輪迴是空的。一切的一切，在看到緣起有的當下，認識到它的本質是空的。但在認識空的同時，又能了解因緣假相的顯現。這種空有不二，就是不輪番。

「已見緣起不虛妄。」不虛妄，即緣起的一切都是因果宛然，不是沒有。但平常人看到緣起的時候，就會陷入遍計所執。唯識的三分法，是「遍計所執，依他起，圓成實」。依他起指緣起的一切現象，遍計所執則是我們對緣起現象產生的錯誤認識。通過三分法，可以把我們對現象的錯誤認識和現象本身分開。

在凡夫的觀念中，早已習慣把它合在一起。比如我們看到什麼，覺得這東西很值錢，其實這是你附加上去的設定，和東西本身沒有本質的聯繫。包括你覺得它美或醜，也是你對它做的設定。這些設定是你接受某種文化後，結合自身需要產生的。其實你覺得它如何如何，不等於它本身就如何如何。這兩點一定要分開。但平常人往往以為，這個東西如何，它就是如何。當我們有了這個認識，就會產生執著，以及貪心、嗔心等各種情緒和煩惱。唯識提出遍計所執，就是告訴我們，錯誤認識必然伴隨著執著，兩者是分不開的。

怎樣才能在面對外境時，只看到緣起現象，而不引發對它的執著和需求？必須進入觀照的層面，進入空性慧的層面。那麼在面對任何問題時，內心就像鏡子那樣，能把一切源源本本地呈現出來，但不帶入判斷和執著，既不會加點什麼，也不會少點什麼。

而我們通常的認識，是在鏡子上塗層顏色，再通過這層顏色來看事物。那麼你看到的，都是通過這層顏色反映出來的。所以我們處理每個問題時，都會帶著長期以來所形成的錯誤觀念和不良情緒。這就是凡夫的狀態，我想很多人都有體會。

「若證滅盡諸境執。」修行，就是把這層顏色去掉，不再戴著有色眼鏡，不讓心陷入錯誤觀念和不良情緒，而是進入空性慧的層面。那麼你看到的一切，都是源源本本的，是如實的顯現，同時也沒有任何執著。

「爾時觀察見圓滿。」這時你的見才是圓滿的，才能真正看到緣起，看到存在的一切只是因緣假相，其本質是沒有自性的。而無自性的當下，又不妨礙它的因緣顯現。具備了中觀正見，我們會看得很清楚。

「又由現相除有邊。」當我們具備正見，就能擺脫邊見。龍樹菩薩在《中論》有首偈頌：「不生亦不滅，不常亦不斷，不來亦不去，不一亦不異。能說是因緣，善滅諸戲論，我稽首禮佛，諸說中第一。」生滅、常斷、來去、一異，都是邊見。而《心經》的「不垢不淨，不增不減，不生不滅」，也是在幫助我們破除垢淨、增減、生滅的邊見。

當我們說生的時候，會認為有自性的生，卻忽略了因緣。比如孩子的出生，好像就這麼由父母造出來了，當他死了就是沒了。事實上，任何事物的產生和消失都是緣聚緣散，是眾多因緣的作用。離開因緣，並沒有什麼生出來，也談不上什麼消失了。具備這個中觀正見，就能在看到緣起的同時，認識到這種有只是因緣假相，從而去除有邊，去除常見。

「及由性空除無邊。」當我們認識空的時候，要了解到這是一種性空，並不是什麼都沒有，只是無自性。這種空並不妨礙緣起的有。所以在講到空的時候，要去除無邊，也就是單空、偏空、頑空、斷見。

「了知性空現因果。」當我們體認到一切都是無自性的，是空的，在這個層面，因果和緣起是宛然存在的，就不會否定緣起因果。也就是說，空和有是可以並存的。

「不為邊執見所奪。」只有具備中觀正見，我們才不會被邊見，以及對邊見的執著左右。

首先是在聞思的層面，樹立中觀正見；然後通過止觀禪修，通過觀照般若，把聞思正見轉化為出世間的中觀正見，證悟實相般若。正見是了知事物真相的智慧，為八正道之首，可以解除生命中的迷惑和煩惱。因為輪迴是以無明為根，只有智慧才能徹底斷除無明，所以在解脫路上，正見是最核心的。學習《三主要道》，為我們提供了重要的正見——般若中觀的空性見。

八、結束分

> 如此三主道扼要，汝能如實通達時，當依靜處起精進，為究竟事速修持。

最後是宗大師對我們的策勵：既然已經了解到佛法精髓，就應該好好地思考並修證，完成生命的解脫。

「如此三主道扼要。」以上所說的出離心、菩提心和空性見，是論主宗大師對修行所做的扼要介紹。比如空性見，僅用五個偈頌說明。真正展開說的話，龍樹菩薩的《中論》、《十二門論》及提婆菩薩的《百論》，三部很大的論典，主要都在介紹空性見。六百卷《大般若經》的重點，也在引導我們建立空性見。我這幾年常講的《心經》，同樣是幫助我們建立中觀正見，包括如何運用正見來禪修。大家可以聽一聽，有助於深入修學。

「汝能如實通達時，當依靜處起精進。」當我們如實通達三主要道的內容，能正確理解並接受其中所說的法義後，就應該找一個安靜的地方，精進地思惟、禪修，把聞思正見落實到心行。

「為究竟事速修持。」什麼是究竟事？就是成佛，成就無上菩提。這是人生最重要也最有意義的事。

大家有因緣來聽《三主要道》，是宿世的善根福德因緣。我們學了《道次第》，學了《三主要道》，就意味著，已經認識到佛法核心。各地來參加靜修營的學員，如果有心進一步學佛，可以組織起來共修。目前我們在上海、蘇州等地開了「道次第班」，主要是聽我給戒幢佛學研究所學生講的《略論》光碟，共一百一十四講，內容比這完整得多。我們還有一本《道次第之道》，是如何修學《道次第》的綱要性說明。要想進一步走上菩提道，應該好好學一學。

以我的修學經驗，這是幫助大家走上解脫道、菩薩道最快速而有效的方法。如果大家真正用心，我們會進一步提供幫助。

道次第之道

作者　濟群法師
責任編輯　徐藍萍、張沛然
校對　林昌榮

版權　吳亭儀、江欣瑜
行銷業務　周佑潔、賴正祐、華華
總編輯　徐藍萍
總經理　彭之琬
事業群總經理　黃淑貞
發行人　何飛鵬
法律顧問　元禾法律事務所王子文律師
出版　商周出版　台北市 104 民生東路二段 141 號 9 樓
電話：(02) 25007008　傳真：(02)25007759
E-mail：ct-bwp@cite.com.tw　Blog：http://bwp25007008 · pixnet.net/blog
發行　英屬蓋曼群島商家庭傳媒股份有限公司城邦分公司
台北市中山區民生東路二段 141 號 2 樓
書虫客服服務專線：02-25007718　02-25007719
24 小時傳真服務：02-25001990　02-25001991
服務時間：週一至週五 9:30-12:00　13:30-17:00
劃撥帳號：19863813　戶名：書虫股份有限公司
讀者服務信箱 E-mail：service@readingclub.com.tw
香港發行所　城邦（香港）出版集團有限公司　香港灣仔駱克道 193 號東超商業中心 1 樓
E-mail: hkcite@biznetvigator.com　電話：(852)25086231　傳真：(852)25789337
馬新發行所　城邦（馬新）出版集團 Cite (M) Sdn Bhd
41, Jalan Radin Anum, Bandar Baru Sri Petaling, 57000 Kuala Lumpur, Malaysia.
Tel: (603) 90578822　Fax: (603) 90576622　Email: cite@cite.com.my

封面設計　張燕儀
印刷　卡樂製版印刷事業有限公司
總經銷　聯合發行股份有限公司　新北市 231 新店區寶橋路 235 巷 6 弄 6 號 2 樓
電話：(02) 2917-8022　傳真：(02) 2911-0053

■2023 年 9 月 5 日初版　Printed in Taiwan

定價 350 元

城邦讀書花園
www.cite.com.tw

線上版回函卡

ISBN 978-626-318-811-2

國家圖書館出版品預行編目 (CIP) 資料

道次第之道 / 濟群法師著 . -- 初版 . -- 臺北市：商周出版
：英屬蓋曼群島商家庭傳媒股份有限公司城邦分公司
發行, 2023.09
面；　公分
ISBN 978-626-318-811-2(平裝)

1.CST: 藏傳佛教 2.CST: 注釋 3.CST: 佛教說法

226.962　112012424